# Водолей Гороскоп 2024

Анжелина А. Руби

Алина А. Руби

*Издается самостоятельно*

*Все права защищены © 2024.*

*Астролог: Алина А. Руби*

*Редактирование: Алина. Руби и Анжелина А. Руби*

*rubiediciones29@gmail.com*

### *Кто такой Водолей?*

*Даты проведения: 21 января — 19 февраля*

*День: Суббота*

*Цвет: фиолетовый*

*Элемент: Воздух*

*Совместимость: Лев, Весы. Стрелец*

*Символ:*

*Режим: Фиксированный*

*Полярность: Мужской*

*Правящая планета: Уран и Сатурн*

*Дом: 11*

*Металл: Хром*

*Кварц: Аметист, гранат*

*Созвездие: Водолей*

## *Личность Водолея*

*Водолей обладает сильной и привлекательной личностью. Водолей отзывчив и заботлив. Он честен и абсолютно предан, оригинален и блестящ. Водолей независим и интеллектуален.*

*Они любят бороться за справедливые цели, мечтать и планировать счастливое будущее, извлекать уроки из прошлого, хорошо дружить и веселиться. Водолеи любят новаторство и оригинальность, поэтому они сторонятся быть похожими на всех, предпочитая создавать свой собственный путь и не боясь менять мир к лучшему.*

*Они никогда не будут следовать заданной моде, напротив, именно они создают тренды.*

*Они свободные души, не любят привязанностей и замкнутых пространств, и, как хороший воздушный знак, им необходимо дышать.*

*Будучи энергичными Водолеями, эти люди испытывают глубокую потребность время от времени побыть в одиночестве, оторваться от мира и убежать, чтобы восстановить утраченную энергию.*

*Водолеям необходима мотивация для достижения ожидаемых от них результатов; без умственной стимуляции им становится скучно. Достижение стабильности и уверенности в себе является для Водолеев первостепенной задачей.*

*Это уверенные в себе и надежные люди. Они являются именно теми, кем себя показывают. Ни в чем не притворяются. Прекрасные слушатели, они искренне интересуются проблемами других и стремятся помочь проницательным и ясным советом. Водолей видит только людей и считает их всех равными. Они любят собирать компании друзей (которых у них в избытке) и проводить долгие часы за разговорами об идеалах и обменом опытом.*

*Вы можете мыслить нестандартно. Придумывать творческие решения и видеть старые проблемы в новых ракурсах. Большие интеллектуальные способности и подвижность заставляют их заниматься несколькими видами деятельности одновременно и развивать многочисленные интересы. Они являются "клеем" Зодиака. Элемент, который связывает воедино различных людей и идеи.*

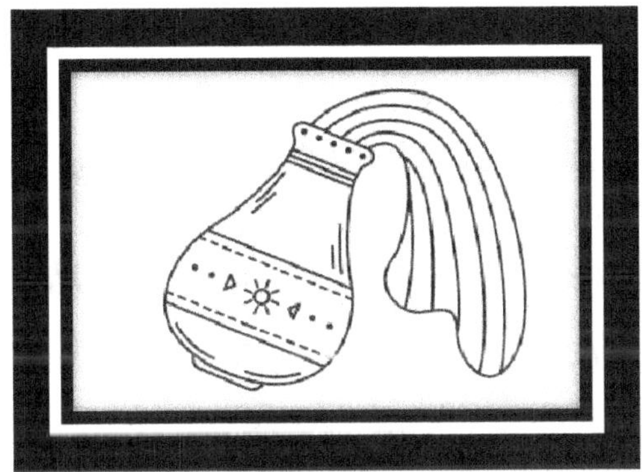

## *Общий гороскоп Водолея*

*Добро пожаловать на борт Водолея. 2024 год станет для вас годом веселья и исполнения всех ваших желаний благодаря планетарным событиям, происходящим в вашем знаке Зодиака.*

*В течение этого года Вы полностью сосредоточитесь на себе, определите новую личность и личные задачи, не поддаваясь влиянию ожиданий окружающих Вас людей. В течение этого года Вы будете пользоваться поддержкой семьи и друзей.*

*Ваши финансы будут находиться на "американских горках", поэтому следует быть осторожным с финансовыми вложениями, так как возможны потери и проблемы. будут возникать ситуации, которых Вы предпочли бы избежать. Не исключено, что Ваш авторитет будет поставлен под сомнение, и это нанесет ущерб Вашему престижу. Некоторые люди из*

Вашего окружения и коллеги разочаруют Вас, так как будут подвергать Вас интригам и лжи. Постарайтесь терпеливо относиться к таким ситуациям, чтобы все закончилось хорошо.

В течение этого года вы получите несколько важных уроков, поэтому следует набраться терпения и не беспокоиться по пустякам.

 Если вы одиноки, то можете встретить родственную душу и установить очень глубокие связи. У Вас будут огромные возможности для достижения успеха, но Вам придется принимать некоторые важные решения, касающиеся бизнеса, а некоторым, возможно, придется разлучиться с семьей из-за работы.

Необходимо заботиться о своем здоровье и постоянно стремиться к хорошим привычкам, отказаться от нездорового питания и придерживаться здорового образа жизни в сочетании с физическими упражнениями. Следует воздерживаться от всего, что вызывает у Вас стресс и напряжение, так как это может негативно сказаться на Вашем эмоциональном состоянии. Если у вас проблемы со сном и отдыхом, не принимайте лекарств, попробуйте заняться медитацией.

Плутон вернется в Ваш знак в 2024 году, помогая Вам обрести личную силу и укрепить волю. Вы сможете развивать то, что вас увлекает, привнести в свою жизнь больше изобилия и стать более творческим человеком. Вы станете более уверенными в себе, а Ваша сила будет мощной. Вы не позволите никому и ничему опустить себя. Это также благоприятно скажется на денежных делах и увеличит Ваше благосостояние. Перед Вами откроются новые возможности, и, возможно, Вас ждет новая глава в Вашей жизни.

В период полнолуния Вам следует позаботиться о своих эмоциональных потребностях, так как Вы можете быть более чувствительны и расстроены. Позаботьтесь о себе, и Вы сможете чувствовать себя спокойно. Постарайтесь сосредоточиться на любви к себе, не позволяйте внешним обстоятельствам угнетать Вас. Вам следует соблюдать дистанцию в личных и сентиментальных отношениях, чтобы подходить к своим обязательствам со знанием дела. Вы должны понимать, что многие люди думают не так, как Вы.

Семейные конфликты уйдут в прошлое, поскольку важные договоренности будут достигаться в вашем доме.

У Вас будет несколько расставаний с токсичными людьми, если у Вас есть партнер, то будет много взлетов и падений, потому что в Ваши решения *будет вовлечен третий человек. Важно, чтобы вы разрешили этот конфликт.*

*Если у вас нет партнера, то это год, когда можно закрыть сентиментальные этапы и снова влюбиться, и жить любовью в полную силу.*

*В периоды затмений используйте все свои профессиональные знания для формирования своего пути. Не притворяйтесь невеждой, боясь не высказать то, что вы знаете, покажите, что вы профессионал.*

### *Любовь*

*Год большой любви, в котором вы поймете, что душевные терзания бессмысленны, когда рядом с вами хорошие люди.*

*Если у Вас нет партнера, то Вас охватывает меланхолия, которая мешает Вам двигаться вперед и знакомиться с новыми людьми. Вкус прошлой любви оставил глубокую рану. Оставьте эту роль жертвы, в которой вы чувствуете себя так комфортно, вы заслуживаете большего, и в вашей жизни появится человек, который даст вам это понять.*

*Любая прошлая любовь должна быть забыта, и когда в вашу жизнь придет страсть, вы будете сожалеть о том, что не решились сломать эти шаблоны поведения раньше.*

*Для тех, у кого есть партнер, год будет благоприятным, так как они оставят в прошлом обиды, вызванные разногласиями или ошибками, которые совершил каждый из них, и год будет более позитивным в плане романтики и страсти. Конечно, будут возникать какие-то несущественные недоразумения, которые будут доставлять дискомфорт паре, но все будет исправлено после долгих разговоров и договоренностей, в которых выиграют обе стороны.*

*договоренностей, в которых выиграют обе стороны.*

## *Экономика*

*В этом году вы сможете укрепить свою экономику и освоить новые приемы своей профессии, которые позволят вам добиться успеха.*

*Если вы ищете работу, обратитесь ко всем своим ресурсам, чтобы найти ее, возможно, вам даже порекомендует кто-то из знакомых. Лучший способ добиться успеха - адаптироваться к изменениям и решать проблемы, не теряя при этом терпения.*

*Это год изобилия, когда вы сможете купить что-то ценное, о чем всегда мечтали, возможно, дом или инвестировать в бизнес. Некоторые трудности, связанные с финансами, вы сможете преодолеть с помощью творческого подхода.*

*Денежные проблемы можно решить, если разработать бюджет и найти способы более эффективного управления своими ресурсами. Возможно, Вы получите бонус или Вам повезет в азартных играх.*

*Вы можете принять решение о покупке нового автомобиля, а также получить выгоды или возможности благодаря коротким поездкам, сообщениям, электронным письмам, контактам с коллегами и соседями. Следите за открывающимися возможностями.*

## *Семья*

*Вы будете незаменимы для своей семьи, и это отнимет у Вас много времени, которое Вы, возможно, могли бы посвятить развлечениям. Ваше чувство ответственности будет востребовано по максимуму, и у Вас появится возможность быть примером для подражания, что Вам очень нравится. Помните, что Ваша семья должна знать, что на Вас можно положиться, если Вы будете отстраненным и с чувством собственного превосходства, то это будет трудно.*

*Уран пройдет через зону Вашего дома, и это может означать перемены в семейной жизни. Также возможен переезд в более просторное помещение, когда Юпитер пройдет транзитом по этому району в начале мая.*

*в периоды полнолуния вы будете завершать домашние проекты, но, возможно, придется решать и семейные проблемы.*

*С вами произойдет психологическая метаморфоза, и вы станете свидетелем духовного обновления на уровне семьи.*

### *Здоровье Водолея*

*В этом году вы поймете, что ошиблись в некоторых решениях, не впадайте из-за этого в депрессию. Вы должны повзрослеть, возмужать, решиться изменить свой образ жизни и принять более твердые решения для достижения оптимального здоровья.*

*Возможно, вам придется посетить операционную, но это будет незначительно, и ваше выздоровление будет быстрым.*

*Необходимо разгрузить организм и очистить его, позаботиться о толстом кишечнике, желудке и желчном пузыре. Необходимо обратиться к мануальному терапевту для коррекции костей с помощью рефлексотерапии. Занятия йогой и медитацией помогут сбалансировать тело физически и духовно.*

*Сексом следует заниматься умеренно, спать положенные часы и отключаться от обязанностей.*

## *Важные даты*

*01/20 Солнце входит в знак Водолея.*

*01/21 Плутон входит в знак Водолея.*

*02/ 09- Новолуние в Водолее*

*02/ 13 - Марс входит в знак Водолея*

*02/ 16 - Венера входит в знак Водолея*

*05/02- Ретроградный Плутон в Водолее*

*06/ 29- Сатурн ретроградный в Рыбах*

*08/19 - Полнолуние в Водолее*

*11/ 19- Плутон входит в знак Водолея*

## *Гороскопы на месяц для Водолея на 2024 год*

## *Январь 2024 г.*

*В этом месяце у вас все будет хорошо в любви. Если вы состоите в паре, то проведете этот месяц счастливо, приятно делясь своими идеями и своей жизнью. Если Вы одиноки, то это месяц для знакомства с интересными людьми в духовной среде. Возможно, Вы влюбитесь в кого-то особенного и начнете с ним встречаться.*

*Вы соберетесь с друзьями, чтобы организовать поездку, оставшуюся с прошлого года. Вы давно собирались отправиться в путешествие, и вот возможность это сделать появилась.*

*Вы много работаете, но денег поступает мало. Наберитесь терпения, и все получится.*

*Ваша семья преодолеет проблемы, и в середине месяца установится более спокойная атмосфера. Вы сможете расслабиться, все войдет в свой привычный ритм, и Вы тоже сможете войти в свой.*

*Ваше здоровье будет хорошим, вы будете чувствовать себя полным энергии. Это месяц, когда следует сосредоточиться на своем самочувствии, идеальное время для похудения,* если вы хотите похудеть, то вам следует начать диету. Это также благоприятное время для беременности.

Это месяц, в течение которого Вы будете задумываться о многих вещах, в том числе и о своих духовных убеждениях. Кроме того, вернутся некоторые воспоминания о прошлом, которое вы пережили с кем-то особенным. Не стоит отказываться от этих воспоминаний, так как они не символизируют чего-то вредного для Вашей эволюции.

важно, чтобы вы были внимательны, всеми органами чувств видели, какие поведенческие стопоры вам нужно начать оставлять позади.

### Счастливые числа
7–8–22–26 - 35

# *февраль 2024 г.*

*Месяц, когда у Вас все будет хорошо в любви, ведь это месяц, когда мы празднуем любовь и дружбу. Если у вас есть партнер, то вы будете переживать моменты, которые заставят вас чувствовать себя очень счастливыми. Если вы одиноки, то, возможно, перестанете быть одинокими, потому что в вашей жизни появится кто-то особенный.*

*Вы получите приток энергии и станете очень чувствительны к противоположному полу. Вы начнете встречаться с человеком, с которым у Вас возникла сильная связь.*

*В области финансов дела у Вас пойдут очень хорошо, так как Ваша экономика изменится в связи с увеличением Ваших доходов. Вы начнете получать неожиданные денежные поступления, которые откроют перед Вами возможности для создания новых и очень процветающих предприятий.*

*Если Вы ищете работу, то, скорее всего, найдете ее в этом месяце. Дело в том, что Вы будете испытывать эйфорию от того, что у Вас так много денег, и Вы потратитесь на покупку одежды и побалуете себя. Ваше здоровье будет несколько хрупким, не изнуряйте себя, отдыхайте.*

*Желательно обратиться к врачу. В конце месяца в вашем доме царит гармония, самое время расслабиться и привести в порядок свои мысли и эмоции. Вы получите предзнаменование от человека, обладающего способностью к гаданию.*

### *Счастливые числа*

*6–13–28–31 - 32*

# **март 2024 г.**

В этом месяце у Вас есть идеи и инструменты, необходимые для дальнейшего продвижения в работе и в достижении целей, которые Вы перед собой поставили. Помните, что все, что вы делаете, — это еще один шаг в вашу пользу, никогда не переставайте смотреть на конечную цель.

Вы упускаете возможность завязать отношения. Многие люди вошли в Вашу жизнь и делают очень хорошие предложения. Вам следует начать узнавать людей такими, какие они есть на самом деле, а не всегда по образу и подобию того поверхностного, что Вы в них видите.

В этом месяце Вы получите прекрасную новость: Вы так самоотверженно трудились, что это не осталось незамеченным в глазах начальства. За отличную работу Вы будете выбраны для поездки на стажировку за границу. Эта поездка будет ценной благодаря знаниям и профессиональным контактам, которые вы приобретете. Кроме того, в этой поездке Вы сможете встретить человека, с которым у Вас сложится устойчивая пара, если Вы, конечно, одиноки.

Если вы уже давно состоите в отношениях и предложили любимому человеку сожительство, чтобы пара могла продолжать укрепляться, он даст вам отрицательный ответ.

### Счастливые числа
*8–24–29–30 - 31*

# апрель 2024 г.

*Этот месяц будет не очень удачным в любви. Это будет неспокойный месяц. Если Вы состоите в паре, то отношения будут нестабильными, ссоры будут происходить днем и ночью. Как бы вы ни старались, договориться не удастся. Вы переживаете кризис в паре. Некоторые Водолеи разрушат отношения. Только крепкие пары смогут пережить этот Холокост.*

*Если Вы одиноки, Вам не удастся наладить контакт с противоположным полом, и, что еще хуже, Ваши шутки и комментарии будут неправильно истолкованы. Не волнуйтесь, в следующем месяце у вас все получится.*

*В середине месяца Ваша социальная жизнь будет активной, у некоторых Ваших друзей возникнут проблемы в жизни, и Вы придете им на помощь. Несмотря на свой интеллект, Вы будете шокированы некоторыми их проблемами. Может случиться и так, что Вы обидитесь на друга и разорвете с ним отношения.*

*Некоторые меняют работу, потому что не чувствуют своей значимости, недовольны коллегами и начальством.*

*Вы будете чувствовать себя нестабильно, и у вас возникнет потребность изменить свой образ жизни. Вы должны изменить свой рацион питания и заняться физическими упражнениями. Ложитесь спать и спите необходимое количество часов — это очень важно для хорошего самочувствия.*

### *Счастливые числа*
*2–16–19–20 - 28*

# *май 2024 г.*

*Это хороший месяц для того, чтобы подумать о том, какого будущего вы хотите от своего партнера. Не позволяйте потребности в накоплении денег пренебрегать любовью.*

*Если вы одиноки, тот человек, который вас привлекает, и у вас есть общие жизненные переживания и мечты, которые необходимо осуществить, может оказаться вашей родственной душой. Говорите то, что чувствуете, потому что этот человек никогда не сделает такого шага.*

*Ваша семья будет нервничать, дома будет много ссор. Некоторые электроприборы будут ломаться, в вашем доме будут происходить поломки. Некоторые из ваших близких будут чувствовать себя не очень хорошо и будут благодарить вас за заботу. У Вас много физических сил, и Вы сможете продвигаться к своим целям с минимальными усилиями. Воспользуйтесь этим и сосредоточьтесь на своих потребностях.*

*У Вас будет сильное стремление к финансовой безопасности, а также желание контролировать. Пришло время выразить свои потребности, вы умеете общаться.*

*Если вы не вкладывали деньги в свое здоровье и общее самочувствие, вам не о чем сожалеть, если у вас возникнут проблемы, вместо того чтобы жаловаться, начните действовать, чтобы решить проблему.*

### *Счастливые числа*

*8–16–17–18 - 36*

# июнь 2024 г.

*Вы будете чувствовать себя счастливым и жизнерадостным человеком, желающим встречаться с друзьями и наслаждаться жизнью. Но случится так, что некоторые из ваших друзей окажутся в очень плохом финансовом положении и не смогут идти с вами в ногу, потому что им придется приспосабливаться к новым обстоятельствам.*

*У вас есть свои представления о том, на чем следует сосредоточить свою карьеру, поэтому вам следует спланировать свои цели, теперь вы сможете достичь поставленных задач и с легкостью двигаться вперед. В семье у Вас будет спокойная и расслабленная обстановка. Каждый займется своими обязанностями, и Вы станете более расслабленным. Воспользуйтесь этим и спокойно поделитесь со своим партнером, оставьте ежедневную борьбу. Каждый борец заслуживает передышки.*

*Если Вы одиноки, то должны показать интересующему Вас человеку, на что Вы способны в любви. Вам необходимо быть более ответственным на работе и в хозяйстве. Не допускайте хаоса в делах, потому что Ваша дисциплина — это ключ к выходу из любого конфликта.*

*Не настаивайте на том методе, который вы уже давно применяете для своего здоровья. Чудодейственные средства не могут заменить усилий. Осознайте свои реальные потребности.*

### Счастливые числа

*5–6–7–8 - 24*

# июль 2024 г.

*Если у Вас есть партнер, то в этом месяце Вы должны быть очень терпеливы и ждать, когда Ваш партнер затронет ту сложную тему, которую Вы решали в течение последних нескольких месяцев. Когда этот день наступит, не жалуйтесь и не проявляйте гнев. Всему есть объяснение, и оно более невинно, чем Вы думаете.*

*Если у Вас нет партнера и Вы написали сообщение, которое не решаетесь отправить, потому что думаете, что Ваши попытки не будут рассмотрены, то Вы ошибаетесь.  Вы должны знать, что ваше сообщение ожидается.*

*В этом месяце Вы без труда решите важную проблему на своем рабочем месте. Это покажет, насколько Вы важны и умны. Отдавайте все, что требуется, и ждите вознаграждения, которого так жаждете.*

*У вас есть мечты, которыми вы хотите поделиться, груз на душе, который вам нужно отпустить. Подумайте о том, чтобы обратиться к психотерапевту,*

*Вы - один из самых умных знаков, когда речь идет о деньгах. Вы понимаете, как работают внутренние структуры, и с легкостью реализуете инвестиционные планы. В конце месяца Вы получите поддержку Вселенной в поиске партнеров для нового бизнеса.*

### *Счастливые числа*

*10–14–23–24 - 33*

# **август 2024 г.**

*В этом месяце Вы находитесь в прекрасной позиции для того, чтобы сделать важный шаг в своей жизни. Благодаря большому количеству физической энергии и чувству собственного достоинства у Вас есть все необходимое для достижения своих целей. Возможности подступают к Вам со всех сторон, и Ваш сильный характер готов к тому, чтобы воспользоваться ими.*

*Если у Вас есть партнер, Вы будете чувствовать себя очень счастливым. Вы очень влюблены, и у Вас будет возможность сделать все необходимое для поддержания гармонии. Появится возможность отправиться в романтическое путешествие. Если Вы одиноки, Вы встретите человека, который Вам понравится, и начнете с ним встречаться.*

*Ваша социальная жизнь будет скудной, но контакты с друзьями будут постоянными. Изменения произойдут в сфере Ваших дружеских отношений. Некоторые вещи заставят Вас пересмотреть свою шкалу ценностей, изменится Ваше видение, и Вы станете очень философски относиться к происходящему.*

*Если у вас есть свой бизнес, вы можете поменять некоторых сотрудников на более подходящих.*

*В этом месяце Ваш дом будет занят. Вам необходимо присутствовать, чтобы участвовать во всем, что будет происходить. У членов Вашей семьи возникнут важные проблемы, и Вам необходимо будет присутствовать, чтобы дать им совет.*

### Счастливые числа
*11–19–22–26 - 33*

# *Сентябрь 2024 г.*

*Если у Вас есть партнер, то это будет месяц, в котором проблемы на работе Вашего партнера будут влиять на Вашу супружескую жизнь. Вы дадите ей совет, чтобы она смогла выбраться из этой колеи. Если Вы одиноки, то месяц будет очень активным, Вы можете встретить кого-то особенного, кто Вас очень порадует.*

*Ваше здоровье будет регулярным, вы будете испытывать стресс. У Вас будет мало энергии для работы. Вы будете уделять время отдыху. Небольшие ежедневные физические упражнения пойдут Вам на пользу. Вам необходимо восстановить силы.*

*Между Вами и Вашим начальником произойдет небольшой инцидент, который взорвет скрытое напряжение. После этого вы поговорите, и все вроде бы наладится. Не стоит оставаться в подчинении у человека, с которым у Вас не будет мирных отношений. Планеты советуют Вам искать другие горизонты работы.*

*В финансовой сфере могут возникнуть сложности с персоналом, работающим на вас.*

*Вы обязаны сказать то, что нужно, мягко, но, когда речь идет о вашей семейной жизни и* внутренних эмоциях, трудно иметь такое терпение.

### Счастливые числа
15–18–22–24 - 31

## *октябрь 2024 г.*

*Ваша социальная жизнь будет активной, и вы будете держать своих друзей рядом с собой. У Вас будет больше времени, чтобы проводить его с ними, и это принесет Вам много счастья. Вы были очень заняты своими обязанностями, а теперь сможете весело провести время со своими друзьями.*

*В этом месяце работа будет не самым важным делом. Все будет хорошо, и Вам не придется принимать важных решений и выполнять сверхурочную работу. Наслаждайтесь этим спокойствием и беззаботностью, пока они длятся.*

*Ваша экономика будет хорошо развиваться, и в этом месяце у Вас появится возможность приобрести дом или автомобиль.  Вы достигли того, к чему стремитесь, не позволяйте никому сбить вас с поезда, который везет вас прямо к успеху. Не забудьте умерить свои расходы, так как могут возникнуть непредвиденные обстоятельства, которые вы не учли.*

*Ваше здоровье будет хорошим, но энергии будет не так много, как обычно. Вы будете чувствовать физическую усталость и упадок сил. Вам следует принимать витамины и отдыхать.*

*Если вы обнаружили, что ожидаете ребенка в это время, забудьте о своих тревогах, это прекрасное время, и все будет хорошо.*

### *Счастливые числа*

*9–14–19–28 - 30*

## *ноябрь 2024 г.*

*Любовь в этом месяце будет романтичной и счастливой. Если у Вас есть партнер, Вы назначите дату свадьбы. Если Вы одиноки, то встретите любовь всей своей жизни и глубоко влюбитесь.*

*Ваша работа и ваша профессия будут и впредь успешными, поскольку вы продолжаете утверждаться в новой должности. Вы чувствуете себя все лучше и лучше и четко представляете себе, на чем вы хотите сосредоточить свое профессиональное будущее.*

*Ваша экономика будет хорошо развиваться, вы получите прибавку к зарплате, у вас будет очень хорошая интуиция в отношении бизнеса и инвестиций. Если у Вас есть деньги, которые можно вложить, не стесняйтесь этого делать. Деньги будут танцевать в ваших карманах. Здоровье будет хорошим, но может появиться небольшой стресс, следует отдыхать, когда это необходимо. Вы склонны думать, что можете сделать все, что угодно, но вы ошибаетесь. У Вас сейчас сложный период на профессиональном уровне, и это может сказаться на Вас.*

*Прежде чем совершить измену, поговорите со своим партнером и попросите у него время. Это будет полезно для вас обоих, поскольку вы проясните свои эмоции. Если вы обнаружите, что любите друг друга, вы сможете бороться за сохранение отношений.*

### Счастливые числа

*3–6–10–33 - 36*

## декабрь 2024 г.

*В этом месяце будут активны друзья и веселье. Это будет месяц, в котором Вы будете участвовать во многих социальных мероприятиях со своими друзьями, организовывать ужины и чувствовать удовлетворение от того, что у Вас есть такие друзья.*

*Вы встретите человека, который вернет вам мотивацию и желание преуспеть в своей профессии. Важно помнить, что вы не собираетесь менять правила в своей работе, но вы можете поискать другую работу, где ценятся ваши способности, а не дружба или отношения.*

*В бизнесе, если вы уверены в своих силах и идеях, не будет препятствий, которые вы не сможете преодолеть. Все обстоятельства будут благоприятствовать достижению той цели, которую Вы давно вынашивали. С помощью этого проекта Вы, наконец, улучшите свое экономическое положение.*

*В конце месяца и года все ссоры и споры останутся позади, вы достигнете очень большого взаимопонимания и взаимопонимания в отношениях с партнером. Ищите стабильность, силу и гармонию.*

### Счастливые числа
*8–14–23–27 - 33*

## *Карты Таро - загадочный и психологический мир.*

*Слово Таро означает "королевская дорога", это тысячелетняя практика, точно неизвестно, кто придумал карточные игры вообще и Таро в частности; в этом смысле существуют самые разноречивые гипотезы.*

*Одни говорят, что они возникли в Атлантиде или Египте, другие считают, что таро пришли из Китая или Индии, из древней страны цыган или попали в Европу через катаров. Но факт остается фактом: в картах Таро переплетаются астрологическая, алхимическая, эзотерическая и религиозная символика, как христианская, так и языческая.*

*Еще недавно при слове "таро" некоторые люди представляли себе цыганку, сидящую перед хрустальным шаром в комнате, окруженной* мистикой, или думали о черной магии или колдовстве, но сегодня ситуация изменилась.

Эта древняя техника адаптируется к новым временам, она вошла в технологию, и многие молодые люди испытывают к ней глубокий интерес.

Молодые люди изолировали себя от религии, поскольку считают, что не найдут там решения того, что им нужно, они осознали двойственность этого, чего не происходит с духовностью. В социальных сетях можно найти аккаунты, посвященные изучению и чтению таро, поскольку все, что связано с эзотерикой, модно, более того, некоторые иерархические решения принимаются с учетом таро или астрологии.

Примечательно, что не те предсказания, которые обычно связаны с таро, являются самыми востребованными, а те, которые связаны с самопознанием и духовным консультированием, - самыми востребованными.

Таро — это оракул, с помощью его рисунков и цветов мы стимулируем нашу психическую сферу, ту внутреннюю часть, которая выходит за пределы естественного. Многие люди обращаются к таро как к духовному или психологическому путеводителю, поскольку мы живем в неопределенные времена, и это толкает нас на поиски ответов в духовности.

Это такой мощный инструмент, который конкретно рассказывает о том, что происходит в вашем подсознании, чтобы вы могли воспринять это через призму новой мудрости.

Карл Густав Юнг, известный психолог, использовал символы карт Таро в своих психологических исследованиях. Он создал теорию архетипов, в которой обнаружил обширную сумму образов, помогающих в аналитической психологии.

Использование рисунков и символов для обращения к более глубокому пониманию часто применяется в психоанализе. Эти аллегории являются частью нас, соответствуя символам нашего подсознания и нашего разума.

В нашем бессознательном есть темные области, и когда мы используем визуальные техники, мы можем добраться до различных его частей и раскрыть неизвестные нам элементы нашей личности. Когда вы сможете расшифровать эти послания с помощью изобразительного языка Таро, вы сможете выбирать, какие решения принимать в жизни, чтобы создать ту судьбу, которую вы действительно хотите.

*Таро с его символами учит нас тому, что существует иная Вселенная, особенно в наше время, когда все так хаотично и всему ищут логическое объяснение.*

# Маг, карта Таро для Водолея на 2024 год

*Карта Таро "Маг" указывает на то, что пришло время проявить творческий подход и смело двигаться вперед.*

*Это очень позитивная карта, поскольку она сигнализирует о том, что небеса согласны с вашими желаниями.*

*Маг подталкивает вас к немедленным действиям. Чудеса могут произойти, если вы готовы взять на себя ответственность и осознаете, что вы сильны и можете изменить свою судьбу.*

*Все обстоятельства располагают к действию, у вас есть все элементы, чтобы действовать, у вас есть весь потенциал, возможности и инструменты.*

*В любовных отношениях важно сохранять честность и порядочность. Маг напоминает вам, что магия любви присутствует ежедневно.*

*Вы можете проявлять свои желания благодаря своей ментальной силе, будучи умным и умелым. Вы сможете воплотить в жизнь свои мечты и проекты. Не отвлекайтесь.*

*Ваши финансы будут расширяться, появится возможность, которая принесет вам больше денег, даже если на первый взгляд это не так.*

*Задуманные Вами идеи будут успешно реализованы, если Вы будете уверены в себе. Все, что связано с Вашей работой и профессией, значительно улучшится, и если Вы ищете работу, то найдете ее. Это также предвещает рост и появление собственного бизнеса.*

*Если вы одиноки, то наверняка встретите кого-то нового. Это хороший год для новых знакомств и для того, чтобы забыть тех, кто причинил Вам боль в любви.*

*Для тех, у кого есть постоянный партнер, это указывает на то, что отношения станут более глубокими, в них будет присутствовать преданность и они будут получать удовольствие от совместной жизни.*

## *Руны года 2024*

Руны — это набор символов, образующих алфавит. Слово "руна" означает "тайна" и символизирует шум столкновения одного камня с другим. Руны — это древний провидческий и магический метод.

Руны не служат для точных предсказаний, но они служат для того, чтобы подсказать вам будущее событие, предмет или решение.

Руны имеют конкретное значение для того, кто хочет его получить, а также некое послание, связанное с невзгодами, возникающими в жизни.

## *Баркана, руна Водолея 2024*

*Будьте скромны, терпеливы и справедливы, не ставьте свои желания выше потребностей других. Практикуйте щедрость.*

*Эта руна связана с плодородием и рождением, как ребенка, так и эмоциональных установок, например, любовных отношений.*

*Баркана также связана с материнством, семейным окружением, началом новых отношений.*

*Он предвещает эмоциональное и физическое исцеление; вы сможете найти убежище для духовного отдыха.*

*В вопросах труда вы найдете место, которое обеспечит вам экономическую безопасность.*

*Эта руна символизирует, что задуманные Вами проекты будут успешно завершены. Чтобы* увеличить свои финансы, она рекомендует пройти курсы, на которых вы получите знания, которые дадут вам необходимые инструменты для продвижения вашего бизнеса вперед.

В этом году у вас будет отличное здоровье. Желательно направить энергию, которую Вы храните в себе, на физические нагрузки, чтобы она не накапливалась внутри Вас.

Хорошо помогают занятия спортом на свежем воздухе, ходьба или бег трусцой, а также плавание.

## *Удачные цвета*

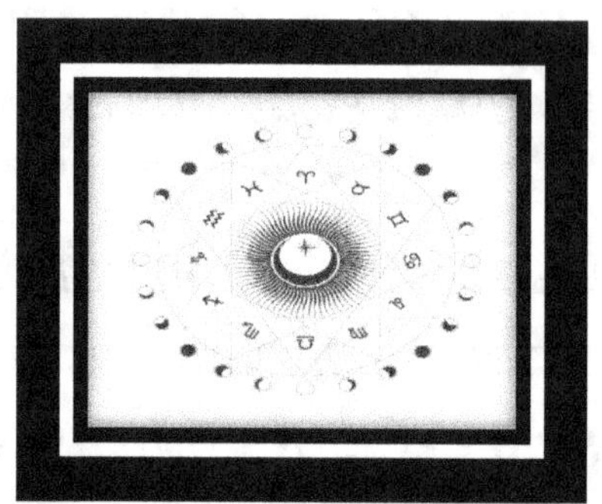

Цвета оказывают на нас психологическое воздействие: они влияют на нашу оценку вещей, мнение о чем-то или о ком-то, а также могут использоваться для принятия решений.

Традиции встречи нового года в разных странах различны, и в ночь на 31 декабря мы подводим итоги всего позитивного и негативного, что было в уходящем году. Мы начинаем думать о том, что нужно сделать, чтобы изменить свою удачу в новом году.

Существует несколько способов привлечь к себе положительные энергии при встрече нового года, и один из них - надеть или носить аксессуары определенного цвета, привлекающего то, чего мы желаем в наступившем году.

Цвета несут энергетический заряд, влияющий на нашу жизнь, поэтому всегда желательно встречать год, одетым в цвет, привлекающий энергии того, чего мы хотим достичь.

Для этого существуют цвета, положительно вибрирующие под каждым знаком Зодиака, поэтому рекомендуется носить одежду того оттенка, который будет способствовать привлечению процветания, здоровья и любви в 2024 году. (Эти цвета можно использовать и в остальное время года для важных событий или для того, чтобы сделать ваши дни более насыщенными).

Помните, что, хотя чаще всего принято носить красное белье для страсти, розовое - для любви, а желтое или золотое - для изобилия, никогда не будет лишним включить в свой наряд тот цвет, который наиболее выгоден нашему знаку зодиака.

# *Водолей*

## *Белый*

***Ключевые слова белого цвета****: свет, добро, чистота, оптимизм, совершенство, невинность.*

*Белый цвет - самый чистый из всех, он олицетворяет чистоту.*
*Это защитный цвет, приносящий покой и комфорт, способствующий очищению, прояснению эмоций и мыслей.*

*Если вам нужно время и пространство в жизни, потому что вы чувствуете себя перегруженным, белый цвет — это тот цвет, который поможет вам почувствовать себя свободным и забыть о давлении.*

*С духовной точки зрения белый цвет является символом исцеления, защиты, внутреннего мира, спокойствия и невинности.*
*Этот цвет олицетворяет божественный свет и ясность ума.*
*Белый цвет используется для лечения эмоциональных блокировок, поскольку он*

*оказывает очищающее и восстанавливающее действие на тело и разум. Его можно использовать для снижения стресса, тревожности и улучшения качества сна.*

# *Лаки Чарус*

У кого нет счастливого кольца, цепочки, которая никогда не снимается, или предмета, который он не отдал бы ни за что на свете? Все мы наделяем принадлежащие нам вещи особой силой, и этот особый характер, который они принимают для нас, делает их магическими предметами.

Для того чтобы талисман мог действовать и влиять на обстоятельства, его носитель должен верить в него, и тогда он превратится в необыкновенный предмет, способный выполнить все, что от него требуется.

Обычно амулетом называют любой предмет, умилостивляющий добро в качестве средства защиты от зла, вреда, болезней и колдовства.

Амулеты на удачу помогут вам провести 2024 год в благоденствии в доме, на работе, в семье, привлечь деньги и здоровье. Чтобы амулеты работали правильно, не следует давать их в руки посторонним и всегда иметь под рукой.

Амулеты существовали во всех культурах и изготавливались из элементов природы, которые служили катализаторами энергий, способствующих исполнению желаний человека.

Амулету приписывается способность отгонять зло, чары, болезни, бедствия или противодействовать злым желаниям, произнесенным через глаза других людей.

# Амулет Водолея

## Крест Каравайка

*Это один из самых древних амулетов, который обеспечивает наибольшую защиту. Его символика очень глубока, она кроется в его истории, внешнем виде и форме.*

*Этот крест проецирует мощную защитную силу, поэтому он служит защитой от плохих энергий, которые существуют вокруг вас.*

*Его сила стала ключевым элементом в ритуалах экзорцизма, поскольку только его присутствие способно изгнать любую темную сущность.*

*Этот амулет защитит вашу экономику, обеспечив процветание, с его помощью можно вернуть партнера, добиться успехов на работе и сбалансировать свою жизнь, привлекая удачу.*

### *Счастливый кварц*


Всех нас привлекают бриллианты, рубины, изумруды и сапфиры - очевидно, драгоценные камни. Полудрагоценные камни, такие как сердолик, тигровый глаз, белый кварц, лазурит, также высоко ценятся, поскольку на протяжении тысячелетий использовались в качестве украшений и символов власти.

Многие не знают, что они ценились не только за красоту: каждый из них имел сакральное значение, а их целебные свойства были не менее важны, чем декоративные.

Кристаллы и в наши дни обладают теми же свойствами, большинство людей знакомы с наиболее популярными из них, такими как аметист, малахит и обсидиан, но в настоящее время появились новые кристаллы, такие как лайма, петлит и фенакит.

Кристалл — это твердое тело геометрически правильной формы, кристаллы образовались при создании Земли и продолжают метаморфировать по мере изменения планеты, кристаллы — это ДНК Земли, это миниатюрные хранилища, в которых хранится развитие нашей планеты за миллионы лет.

Одни из них подвергались огромному давлению, другие росли в камерах, расположенных глубоко под землей, третьи возникали из капель. Какую бы форму они ни принимали, их кристаллическая структура способна поглощать, сохранять, фокусировать и излучать энергию. В основе кристалла лежит атом, его электроны и протоны. Атом динамичен и состоит из ряда частиц, которые вращаются вокруг центра в постоянном движении, поэтому, хотя кристалл может казаться неподвижным, он представляет собой живую молекулярную массу, которая вибрирует с определенной частотой, и именно это придает ему энергию.

Раньше драгоценные камни были царской и священнической прерогативой, священники иудаизма носили на груди бляшку с драгоценными камнями, которая была не просто эмблемой, обозначавшей их функции, но и передавала власть носителю.

Люди носили камни еще в каменном веке, поскольку они выполняли защитную функцию, оберегая своего владельца от различных бед. Современные кристаллы обладают той же силой, и мы можем подбирать украшения не только по их внешней привлекательности: находясь рядом с ними, можно зарядиться энергией (оранжевый сердолик), очистить пространство вокруг себя (янтарь) или привлечь богатство (цитрин).

Некоторые кристаллы, такие как дымчатый кварц и черный турмалин, способны поглощать негатив, излучая чистую и прозрачную энергию.

Ношение черного турмалина на шее защищает от электромагнитных излучений, в том числе от сотовых телефонов, цитрин не только привлечет богатство, но и поможет его сохранить, поместите его в части дома, посвященной богатству (задний левый угол, наиболее удаленный от входной двери). Если вы ищете любовь, кристаллы помогут вам в этом: поместите розовый кварц в угол отношений вашего дома (задний правый угол, наиболее удаленный от входной двери), его воздействие настолько сильно, что вы можете добавить аметист, чтобы нивелировать притяжение.

Можно также использовать родохрозит - любовь придет сама.

Кристаллы способны исцелять и дарить равновесие, некоторые кристаллы содержат минералы, известные своими лечебными свойствами, малахит имеет высокую концентрацию меди, ношение малахитового браслета позволяет организму усваивать минимальное количество меди.

Лазурит снимает мигрень, но если головная боль вызвана стрессом, то аметист, янтарь или бирюза, помещенные над бровями, снимут ее.

Кварц и минералы — это драгоценные камни матери-земли, дайте себе возможность и соединитесь с магией, которую они излучают.

### Счастливый кварц для Водолея 2024 года

### Обсидиан

Мощный защитный кварц. Он консолидирует энергии и открывает свету все темные стороны человека. Усиливает влечение к противоположному полу и способствует умиротворению.

Это магический и божественный кварц. Он известен под названием "черный бархат", прекрасно борется с неуверенностью и ментальными блокировками, так как поглощает негативные энергии.

Это даст вам силу воспринимать свои сомнения и мрачные мысли, проблемы, которые вы отвергаете, вы будете с нажимом решать их, причем делать это спокойно.

*С этим камнем можно смело смотреть в лицо любым обстоятельствам, он отгоняет любой негатив и служит зеркалом, в котором отражаются ваши собственные сомнения.*

### *Совместимость Водолея и знака зодиака*

### *Водолей*

*Водолей,* символизируемый носителем воды, которая дает жизнь земле, Водолей - почетный воздушный знак.

*Прогрессивный и бунтарский, он существует для того, чтобы сотрясать порядок. Водолей верит в справедливость и честность, и для этого мыслителя все имеет социальное или политическое значение. Он считает, что каждое действие имеет свою реакцию, и, соответственно, все его поступки отражают мораль. Бунтарь в душе, этот воздушный знак презирает авторитеты и с готовностью отвергает все, что отражает условности.*

*Он искренне верит в то, что изменения в перспективе способствуют общему благу, и не боится звонить в колокола, когда речь идет о социальной справедливости. Такой необычный образ жизни вдохновляет окружающих, и он любит доказывать, что всегда можно мечтать о большем. Если вы зашли в тупик в каком-то проекте, у Водолея есть решение.*

*Водолеем управляет Уран - планета, управляющая инновациями, технологиями и яркими событиями.*

*Он действительно обладает способностью к развитию, поэтому его часто называют чудо-ребенком Зодиака. Интеллектуальный и жаждущий перемен, он всегда на два шага впереди современного общества. Упрямство - его ахиллесова пята.*

*Упорство Водолея явно связано с его твердыми и праведными доктринами, и эта черта замирает, как только у него появляется повод провозгласить позитивные перемены. Поскольку Водолею всегда присуще стремление к равенству, он будет работать в коллективе и в сообществах единомышленников.*

*Водолею нужно много пространства для размышлений, формирования идей и планирования своей роли в любом деле, которое он отстаивает, - свобода, как в теории, так и на практике, очень важна для этого знака.*

*По сути, любой, кто оспаривает свободу Водолея, является его противником. Видите ли, Водолея трудно увлечь романтикой, поскольку он ориентирован на общество, а не на светскую беседу с одним человеком. Однако, даже если он не хочет этого признавать, это вспыльчивый человек, который также нуждается в ласке.*

*Поскольку Водолей не является физическим существом, любовь для него во многом похожа на дружбу, он любит мыслить нестандартно, поэтому и подход к знакомствам у него нетрадиционный. Вместо традиционных свиданий подумайте о том, что соответствует его личным интересам, но при этом помните, что Водолей считает, что любой интерес и хобби должны отражать этику человека, поэтому, прежде чем делать какие-то оговорки, обязательно выясните, что именно ему нравится.*

*Самое главное, что нужно помнить о романтических отношениях с Водолеем, — это то, что ему необходимо много личного пространства. Уединение для этого знака крайне важно, он будет бунтовать, если почувствует, что ему тесно. Если сомневаетесь, отойдите и подождите, пока Водолей сам придет к вам. Помните, что, хотя он и отстранен, на самом деле вы ему очень дороги, просто у него свой уникальный способ выражения этих чувств.*

*Водолей эксцентричен, поэтому не терпит, когда на него навешивают ярлыки и классифицируют, и его особенно радуют люди с нетрадиционным стилем, сочетающие в себе различные внешние проявления.*

*Неудивительно, что этот знак, находящийся так высоко в небе, имеет репутацию отстраненного, когда речь идет об интимных отношениях. Однако несмотря на то, что Водолея часто* больше волнуют абстрактные, а не плотские желания, не обманывайтесь: он любит удовольствия и знает, чего хочет.

Стимулируйте своего любовника-Водолея, меняясь ролями, экспериментируя со скрытыми желаниями и исследуя новые способы выражения индивидуальной сексуальности, а поскольку Водолей связан с техникой, то новейшие устройства для получения удовольствия будут стимулировать его больше, чем Ваши фантазии.

Хотя Водолею трудно найти баланс между потребностью в свободе и потребностями отношений, он понимает, что все — это переговоры. В основе своей он хочет, чтобы все было справедливо, а не чтобы его предпочтения доминировали в отношениях. Поэтому, когда Вы находитесь в отношениях с Водолеем, поэкспериментируйте с созданием различных параметров совместной жизни.

Помните, что периодическая разлука не обязательно означает эмоциональную дистанцию; небольшая разлука помогает углубить любовь и доверие, закладывая основу для конкретных отношений.

Важно также иметь в виду, что, хотя Водолей выражает свои эмоции необычными способами, у него есть чувства, он делает все возможное, чтобы быть внимательным и добрым партнером, и будет зависеть от вашей поддержки.

**Водолей и Овен** образуют интересный партнерский союз, поскольку оба знака маршируют в такт собственной музыке. Ни Водолей, ни Овен не хотят быть скованными социальными условностями, поэтому они уважают независимость друг друга. Для раскрытия потенциала этих отношений может потребоваться некоторая корректировка. Водолея может расстраивать эгоцентричный вид Овна, а Овен может чувствовать себя недооцененным из-за свойственной Водолею отстраненности. Этим отношениям будет способствовать общение, поэтому оба партнера должны быть готовы быть искренними в своих словесных выражениях. Если оба смогут постоянно напоминать друг другу о том, почему они вкладывают друг в друга деньги, то смогут создать здоровые отношения.

**Водолей и Телец**, несомненно, два самых упрямых знака Зодиака. На самом деле, эти два знака могут вывести друг друга из равновесия. Бунтарю Водолею не нравится преклонение Тельца перед традициями, а Тельцу кажется, что на него нападает строгая мораль Водолея. Если эти знаки решат стать партнерами, им придется научиться ценить свои различия, что для таких упрямых знаков нелегко. Однако Водолей может научиться ценить материальную сферу, а Телец - быть более терпимым к различным водолей ким мировоззрениям. Эти отношения не будут легкими, но если любовь сильна, то у этих двоих все получится.

***Водолей и Близнецы*** — *это уникальные отношения. Водолей известен своим гуманизмом. Представителям этой воздушной стихии нравится мыслить обобщенно, их вдохновляет общественная деятельность, способствующая прогрессу. Как воздушный супруг, Близнецы восхищаются новаторским духом Водолея, который также создает почву для выступлений разговорчивого Близнеца. Водолею нравится жизнерадостность Близнецов, и благодаря этой умной механике их отношения становятся по-настоящему восторженными. Хотя этому дуэту приходится прилагать немало усилий, чтобы оставаться приземленным, ведь в конце концов, что может быть богаче воздуха, когда оба преданы своему делу, они вкладываются друг в друга и в общее благо человечества.*

***Водолей и Рак -*** *эти отношения не невозможны, но они не самые вероятные. Рак всегда будет ставить на первое место своих друзей и семью, а Водолей просто по-другому воспринимает общество. Для него главное - благо всего мира. Все имеет социальный или политический подтекст, поэтому он готов выйти из зоны комфорта, чтобы доказать свою правоту.*

*Это пугает Рака, который не может даже представить себе, что можно сознательно отказаться от своей зоны комфорта. Однако, хотя Рак больше сосредоточен на своей близкой сфере, оба знака являются новаторами-интеллектуалами с выдающимися идеями. Хотя это может быть непросто, при правильном соотношении вежливости и понимания Водолей и Рак могут объединить свои усилия.*

***Водолей и Лев*** *- потрясающая пара. Водолей помогает приглушить эго Льва, а Лев показывает Водолею, что иногда можно привнести в его мир немного гламура.*

*Поскольку Лев олицетворяет лидера, а Водолей - людей, эта пара имеет полное представление о сложных социальных системах. Однако Лев — это сердце, а Водолей - мозги. Это очень важное различие, поскольку отстраненность, свойственная Водолею, может угрожать гордости Льва.*

*К счастью, если эти двое смогут найти золотую середину: Водолей будет чуть более ласковым, а Лев - чуть менее театральным, то они смогут создать соотношение, которое приведет к длительным отношениям.*

**Водолей и Дева** *имеют различия, воздушные знаки вдохновляются абстрактным, а земные - реальностью, но интересно создают идеальные отношения. Дева помогает Водолею разобраться в нюансах, а Водолей поощряет Деву к изучению общей картины. Глубокой проблемой, которую придется преодолеть этим двум знакам, являются их крайне разные отношения с авторитетами. Если Дева ненавидит нарушать правила, то Водолей живет ради возможности бросить вызов устоявшимся устоям. Однако если каждый из них научится понимать точку зрения другого, между ними могут возникнуть особые отношения.*

*Когда эти два воздушных знака объединяют свои усилия, трудно сказать, чего они добиваются - секса, любви или социального статуса. Хотя Водолей никогда не согласится с тем, что он меркантилен, оба знака осознают свои социальные связи. Весы жаждут нравиться, а*

*Водолей хочет доказать, что его взгляды правильные. Хотя Водолей и Весы без труда понимают друг друга, каждый из них должен быть уверен, что вкладывает в отношения правильные средства. В противном случае эта связь, скорее всего, угаснет.*

***Водолей и Скорпион** могут создать нерушимые отношения. Скорпион ассоциируется с сексом, Водолей же не столь похотлив. Дело не в том, что Водолей пренебрежительно относится к сексуальности, у водолея кровь горит, просто у него совсем другой подход к эротике. Водолея интересует опыт, а Скорпиона - мастерство обольщения. Такое неравенство говорит о напряженности отношений между этими двумя знаками, просто у них совершенно разные пути. Однако если они смогут научиться работать вместе и вкладывать в свою страсть и взаимное притяжение, то отношения вполне возможны.*

***Водолей и Стрелец** — это гармоничные отношения. Символизируемые соответственно воздухом и огнем, они создают захватывающий союз. Водолей вдохновляет Стрельца соединить любовь к философии с социальной справедливостью, а Стрелец побуждает Водолея* быть более социальным. Вместе эти два знака обладают всеми необходимыми качествами для создания очень эффективной пары. Однако для поддержания романтических отношений им необходимо проводить время вместе. Ни один из этих знаков не имеет особой мотивации в отношениях, поэтому им может быть трудно создать прочный союз. Но если они готовы утихомирить свою толпу, периодически проявляя нежность, то это будет того стоить.

**У Водолея и Козерога** может возникнуть множество проблем в поддержании отношений. Логичный и жадный Козерог ориентирован на "здесь и сейчас", то есть на свои профессиональные задачи. Водолей, напротив, стремится к абстрактному, ищет новаторские идеи и уникальные интеллектуальные возможности, часто вопреки устоявшимся системам. Поскольку Водолей стремится разрушить структуры, которые Козерог создавал из последних сил, между знаками возникнет напряжение. К счастью, Козерог и Водолей могут многое почерпнуть друг от друга. Эти прирожденные лидеры могут по достоинству оценить то, что предлагает другой. Потребуется лишь немного терпения. Водолей может влюбиться, причем без всяких земных оснований.

*Однако у этих двоих могут возникнуть трудности с построением длительных отношений.*

**Водолей и Водолей**, *это трудные отношения, буквально почти невозможные, потому что для них оставаться на якоре — это вызов. Водолей не любит замыкаться в себе, что может быть затруднительно при наличии обязательств. В зависимости от личных предпочтений одному или обоим знакам может понадобиться кто-то более реалистичный. Хорошая новость заключается в том, что они могут подпитываться эксцентричностью друг друга, а также в том, что каждый из них понимает характерную для Водолея чувствительность, которую другие люди часто не понимают.*

**Водолей и Рыбы** *могут удовлетворить друг друга. Если Водолей проводит день за написанием указов, то Рыбы предпочитают писать стихи. Однако, несмотря на разные способы самовыражения, и Водолей, и Рыбы - гуманитарии, которые, видя ситуацию, сразу задаются вопросом, что с ней делать. Интеллектуальный подход Водолея, хотя и достоин восхищения, чужд интуитивным Рыбам, которыми движут прежде всего эмоции.*

*Точно так же мягкие прикосновения Рыб необычны для Водолея, который движется по жизни свободно. В этих отношениях игра начинается с сильных сторон, но каждый из партнеров должен приложить немало усилий, чтобы удовлетворить категорические потребности другого. Водолею нужно, чтобы Рыбы вдохновляли его, а Рыбам нужно, чтобы Водолей показывал, что ему не все равно.*

## *Водолей и призвание*

*Водолей - обаятельный, отзывчивый и сострадательный знак.  Это один из самых интеллектуальных и логичных знаков.*

*Они доверчивы, и им можно доверять. Они любят делиться своим опытом.*

## *Лучшие профессии*

*Водолей - знак мечтателей, склонных к нестандартным профессиям. Им нужна свобода и движение. Их не устраивает делать все по-старому, поэтому они всегда стремятся найти новый подход. Искусство, дизайн, компьютеры, астрология, инженерия, живопись.*

## *Признаки, с которыми не стоит вести дела*

*Телец, Рак и Скорпион. Эти знаки несовместимы и могут привести к тому, что Водолей потеряет много денег, если будет делать с ними инвестиции.*

## *Признаки, с которыми можно ассоциировать*

*У Вас очень хорошая ассоциация для бизнеса с Близнецами, Девой, Весами и Козерогом. Они хороши для долгосрочных инвестиций и умеют видеть успешный бизнес.*

## *Денежные ритуалы*

### *Ритуал изобилия с пентаграммой.*

*Вам потребуется:*

*- 1 желтая карточка*

*- Золотые чернила*

*- Эфирное масло розмарина*

*- 1 кисть*

- *Мелкая морская соль*

- *Очищенная апельсиновая цедра*

- *Черная соль*

- *Пергаментная бумага*

- *1 золотая свеча*

- *Семена апельсина или яблока*

*Чтобы ритуал был наиболее эффективным, его следует проводить в четверг, пятницу или воскресенье в период Солнца.*

*Положите на стол кусок желтого картона и нарисуйте пентаграмму золотыми чернилами. Поверх рисунка звезды нанесите розмариновое масло. Смешайте морскую соль с тертой цедрой апельсина и посыпьте ею розмариновое масло.*

*Положите черную соль на пять точек звезды. Напишите на свече слово "процветание" и свое полное имя, зажгите ее и поставьте в центр пентаграммы. Когда свеча догорит, все закопайте. Сверху посеять семечко апельсина или яблока. 11-го числа каждого месяца поливайте их водой с добавлением порошка корицы.*

### *Ритуал для получения денег.*

*Вам потребуется:*

*- 7 фаянсовых контейнеров с крышками*

*- 1 ст. л. меда*

*- 7 монет золотого, серебряного или бронзового цвета*

*- 1 золотая свеча*

*- 1 желтая свеча*

*- 1 зеленая свеча*

*- 1 синяя свеча*

*- 1 фиолетовая свеча*

*- 7 золотых лент*

*- Лавандовый ладан*

*- Листья мяты*

*Для того чтобы ритуал был эффективным, его необходимо проводить в воскресенье в момент нахождения планеты Венера.*

*Зажгите лавандовое благовоние и все свечи. Положите в каждый глиняный сосуд монетку и листик мяты.*

*Полейте медом монеты и воском от каждой свечи. Привяжите к каждому контейнеру ленточку и разложите их по дому в местах, где никто не сможет их открыть.*

*Во время выполнения этого ритуала мысленно повторяйте свои указы о процветании.*

**Ритуал с лавром и чесноком для привлечения денег.**

*Вам потребуется:*

*- 1 небольшая стеклянная бутылка с пробкой*

*- 7 зубчиков чеснока*

*- 7 лавровых листов*

*- 7 листьев руты*

*- 1 золотая свеча*

*- 1 зеленая свеча*

*- Ладан с корицей*

*- 1 белый кварц*

*- Дождевая вода или вода полнолуния*

*- 1 воронка*

*- Квадрат Юпитера*

### **Квадрат Юпитера**.

*Зажгите благовония с корицей и свечи. Затем налейте в бутылку немного дождевой или лунной воды, белый кварц, чеснок, листья руты и лавровый лист.*

*Закройте бутылку крышкой и запечатайте ее воском золотой свечи. Мысленно повторяйте про себя: "Чеснок, рута и кварц, отгоните от меня все негативные вибрации, лавр привлекает в мою жизнь изобилие". Оставьте бутылку на квадрате Юпитера рядом с двумя свечами, пока свечи не догорят. Затем спрячьте ее под кровать и сожгите квадрат.*

### **Заклинание "Мешок изобилия".**

*Этот ритуал наиболее эффективен, если проводить его во вторник в момент нахождения планеты Венера или в четверг в момент нахождения Солнца.*

*Вам потребуется:*

*- 1 маленький золотой мешочек*

*- 1 зеленая свеча*

*- 2 монеты*

*- 1 законная платежная купюра*

*- 1 кусок золота*

*- 1 небольшой кусок олова*

*- 1 прядь ваших волос*

*- Пшеничные зерна, рис, нут и чечевица*

*- 1 сушеный лист розмарина*

*- 1 металлическая пластина*

*- 1 зеленая лента*

*- Спектакль Юпитера №7 на листе бумаги (вы найдете его в конце книги).*

*Положите листья розмарина на металлическую пластину, поставьте на нее зеленую свечу и зажгите ее. На обратной стороне бумаги со спектаклем напишите все свои пожелания процветания и изобилия. Внутрь мешочка* положите монеты, купюру, золото, олово, пшеницу, рис, горох, чечевицу и спектакль Юпитера. Закройте его и привяжите к нему зеленую ленточку, затем пропустите ее через дым от свечи. Когда свеча догорит, храните мешочек под матрасом. При желании раз в месяц доставайте его и держите при себе в кошельке или кармане.

## Денежный ритуал на покупку дома.

Этот ритуал наиболее эффективен, если проводить его в воскресенье, четверг или пятницу в период Солнца.

Вам потребуется:

- 1 фаянсовый контейнер с крышкой

- 1 желтая лента

- 1 золотая лента

- Песок

- 1 монета

- Сандаловое благовоние

- 1 золотая свеча в форме пирамиды

- 4 улитки

- 4 апельсиновых листа (плода)

*Привяжите ленточки к глиняному контейнеру, затем положите листья апельсина, монету, улиток и засыпьте песком.*

*Поместите свечу в центр, на песок, и зажгите ее вместе с благовониями.*

*Когда свеча догорит, накройте емкость и поставьте ее в благополучный угол дома.*


### **Ритуал для ускорения продажи дома.**

*Вам потребуется:*

*- 1 ключ от дома*

*- 1 оранжевая лента*

*- Спектакль Сатурна №3*

*- 1 зеленая свеча*

*- 1 белое птичье перо*


*Проводить этот ритуал нужно в часы действия планеты Юпитер, Венера или Сатурн, но в ночное время. Важно, чтобы недвижимость уже была выставлена на продажу.*

*Зажгите зеленую свечу и поставьте ее на спектакль Сатурна.*

*Вставьте ленту в замочную скважину и сделайте пять узлов, на концах завяжите белое перо.*

Поместите его перед свечой и повторяйте вслух: "Я решил жить в роскоши, я - победитель, я рожден для успеха и победы. Я предприниматель, и я претендую на ту часть богатства, которая мне соответствует.

Этот дом уже продан. Когда свеча догорит, вы закапываете все в своем дворе или в парке.


## Ритуал с чесноком и подсолнечником для процветания

Вам потребуется:

- 21 зубчик чеснока

- 21 семена подсолнечника

- Металлический контейнер

- 21 сушеный лист руты


Положите высушенные листья руты на металлическую тарелку, подожгите их спичкой и обнесите ими углы дома.

Затем в ту же тарелку положите чеснок и семена подсолнечника. Поставьте эту тарелку на высокое место в кухне вашего дома. Ритуал можно повторить, когда зубчики чеснока сгниют.

## *Лучшие страны и города для жизни*

***Страны:*** *Россия, Великобритания, Финляндия, Швеция, Эфиопия, Алжир, Аргентина, Австралия, Франция, Литва, Иран.*

***Города****: Москва, Санкт-Петербург, Хельсинки, Бремен, Гамбург, Сингапур, Белград, Москва, Зальцбург, Тренто.*

## *Инессы и эфирные масла за деньги*

*Эфирное масло розмарина и розмариновые благовония. Эта эссенция очищает энергетику и защищает обитателей дома. Розмарин используется для улучшения памяти, поэтому его рекомендуется размещать в офисах.*

## *Растения за деньги*

*Лаванда: это растение используется как основной элемент в ритуалах, для привлечения денег и избавления от денежного невезения.*

## Кварц для денег

**Пирит**: известен с древних времен как "золото дурака" из-за сходства с этим драгоценным металлом. Пирит привлекает бизнес, работу, возможности для успеха, экономическую стабильность, удачу в азартных играх и при покупке недвижимости. Для умножения благосостояния рекомендуется поместить его в место хранения денег или богатства дома или в офисе. Другое распространенное место - в кошельке, а именно в кармане или отделении для монет.

Только владелец должен прикасаться к этому камню.

## Денежные брелоки

**Потекли Юпитера, которые гарантируют вам процветание.**

Потекли - магические фигуры, способные передавать положительные энергии окружающему миру. Действие пента клей Юпитера проистекает из сочетания букв, знаков и благотворных формул, они графически и мистически символизируют желание.

Они явно действуют на психику людей, имеющих с ним визуальный контакт.

Самый большой сборник пента клей содержится в "Ключниках царя Соломона" - томе по высшей магии, приписываемом этому библейскому царю.

В нем 36 пента клей, имеющих различное назначение, и среди них - семь пента клей Юпитера.


## Потекли для процветания.


Цель этих пента клей - обеспечить изобилие, разрешить конфликты, связанные с работой, и помочь более непосредственно получать всевозможные блага, обеспечивающие большее процветание.

Юпитер, так называемый Великий бенефис в астрологии, — это планета, связанная с экспансией, оптимизмом, связями с влиятельными людьми и способностью приносить удачу.

Рисовать их нужно с большой концентрацией и с намерением, чтобы они проявили вашу волю.

*Наиболее подходящим материалом является лист пергамента.*

*После завершения работы их следует повесить на видное место, например, на кассу или в бумажник (можно распечатать).*

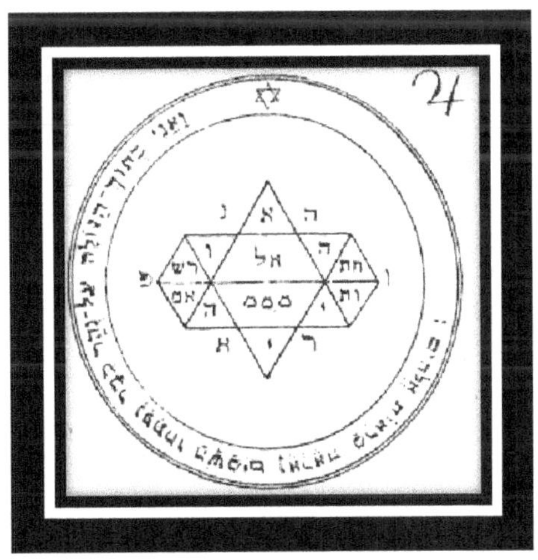

## Аффирмации для получения денег

*Выполнять эти указы следует в течение 21 дня, чтобы увидеть результаты, по возможности три раза в день. Если вы будете повторять их вслух, то они будут более действенными.*

- *Сегодня я принимаю решение жить в изобилии, с успехом, любовью и счастьем. Я решаю, что у меня будет все лучшее, каким бы замечательным оно ни было. Я думаю об успехе и изобилии.*

- *Моя магнитная вибрация притягивает благополучие в мою жизнь и во все, что меня окружает. Я верю в силу притяжения.*

## *Отдых*

*Отпуск приносит физическую и психическую пользу. Доказано, что отдых снижает уровень стресса и способствует укреплению иммунной системы. Иногда планирование отпуска вызывает стресс, потому что вариантов бесконечное множество и выбор становится химерической задачей.*

*Используя астрологию, понимание вашей личности позволяет определить идеальное для вас место отдыха.*

*__Овнам__ идеально подойдет курорт "все включено" с активным отдыхом в теплом месте, например, в Пунта-Кане, Канкуне или на островах Теркс и Кайкос. Австралия — это захватывающая страна, которая предлагает массу эмоций, заставляющих сердце биться.*

*__Тельцу__ очень понравится отдых на роскошном курорте на острове Кайман или роскошный отдых в Дубае, в отеле со всеми удобствами. Италия - идеальная страна, потому что здесь вы найдете все, о чем всегда мечтали: любовь,* очарование, роскошь, прекрасную кухню и первоклассные вина.

**Близнецы** любят чувствовать себя интеллектуально вовлеченными. Путешествия с экскурсиями, например сафари в Африке или изучение видов Галапагос ких островов, предлагают зодиакальному коммуникатору роскошные впечатления.

**Рак**, короткие поездки в окружении семьи и друзей. Одним из вариантов является Диснейленд, где можно насладиться аттракционами и разнообразной кухней. В Орландо, штат Флорида, есть множество фантастических отелей и курортов, каждый из которых имеет свою уникальную и увлекательную тематику.

**Лев**, для этого знака фантастически подходит проживание в бунгало над морем на Таити. Альтернативой роскоши, которую любит Лев, может стать аренда частного тропического острова на Мальдивах, Фиджи или Виргинских островах.

**Дева**, Италия - ваш лучший вариант. В этой стране вы найдете себе занятие по душе. Как земной знак, вы связаны с окружающим миром, и такие места, как Ла-Романа в Доминиканской Республике, Пуэрто-Веха в Коста-Рике и Белу-Оризонте в Бразилии, вдохнут в вас жизнь.

*Весы*, выбирайте города с музеями. Тропический отдых не принесет Весам такого удовлетворения, как посещение Лувра в Париже, музея Акрополя в Афинах (Греция), музея Прадо в Мадриде (Испания) или галереи Уффици во Флоренции (Италия).

*Скорпион*, проведите несколько дней на уединенном пляже с алкоголем и массажем. В Греции, на Бали, Сен-Мартене или Гавайях вы найдете все эти предметы роскоши. Посещение объектов культурного наследия, расположенных неподалеку от вашего роскошного отеля, станет необычным сочетанием тропического и культурного отдыха. Мешконос и Рода в Греции - идеальные места для этого.

*Стрелец*, исследуйте Камина де Сантьяго - сеть совершенно разных путей, ведущих в город Сантьяго де Компостера. Каждый путь имеет свою историю, наследие и магию. Стрелец -

путешественник, жаждущий новых впечатлений, поэтому в Ирландии вы найдете все, что ищете.

**Козерог -** целеустремленный знак. Отпуск, во время которого можно завязать новые деловые отношения. Китай был бы впечатляющим. У Козерога есть чувство исторической ценности, которого нет у других знаков, поэтому такие страны, как Израиль и Египет, где присутствует история, позволят Вам чувствовать себя как дома.

**Водолей** любит новые идеи, неизведанные места и новые отношения. Фантастической страной для посещения может стать Япония не только из-за ее удивительной истории и культуры, но и потому, что каждый из ее регионов может предложить что-то свое.

**Рыбы -** водный знак, которому по душе тропический отдых. Идеальным вариантом будет отель на берегу моря. Остров "Ла Дик" в Республике Сейшельские Острова, возможно, самый красивый пляж в мире, будет иметь несомненный успех. Рыбы, обладающие спокойным взглядом на жизнь, под управлением Нептуна -

*творческий мыслитель. Швеция - страна, которую ему стоит посетить, потому что там он найдет такую же новаторскую культуру, как и он сам.*

### *Кто является вашей второй половинкой в соответствии с вашим знаком зодиака?*

*Когда мы слышим термин "родственные души", мы обычно думаем о них как о членах пары, т. е. о тех, с кем вас связывает сильная сентиментально-сексуальная связь. Однако настоящие родственные души не всегда относятся друг к другу с этой точки зрения, а зачастую даже не заинтересованы в сексуальном аспекте отношений.*

*Вашей родственной душой может быть не только ваш партнер, но и ваш родитель, друг, ребенок, бабушка, дедушка, начальник или сестра.*

*С астрологической точки зрения и с учетом того, что уроки, которые мы должны усвоить перед выходом на новый духовный уровень, определяют тип аффективных отношений, которые нам необходимо развивать в жизни сегодня, можно сказать, что Рак и Рыбы являются родственными душами Овна.*

*С Раком и Рыбами Овен может не только лучше концентрироваться и разрешать конфликты без насилия, но и развивать эмпатию, то есть способность ставить себя на место другого и учиться делиться.*

Эти два знака не любят конфликтов, а если они и возникают, то они предпочитают диалог любому эпизоду жестокости.

Овен может научить Рака и Рыб не нуждаться в одобрении окружающих, быть более рискованными, не пытаться угодить всем, т. е. быть более напористыми.

Чувственный Телец, враг перемен, врожденный родственник инерции, имеет в качестве родственной души Стрельца и Близнецов - два знака, которые знают, что жизнь — это увлекательное, но не статичное путешествие.

Они могут научить Тельца тому, что не нужно оставаться там, где не нужно, боясь неопределенности, и что всегда будут возникать ситуации или обстоятельства, которых мы не ожидаем и которые не в нашей власти изменить. Тельцу также есть чему научить эти знаки.

Уроки силы воли, чтобы иметь обязательства перед другими людьми, быть преданным тому, что они делают, и продолжать до конца с упорством, без спешки и медлительности. Иметь принципы и быть благоразумным.

Лев может сбалансировать много кармы со своими родственными душами, принадлежащими к Весам и Водолею.

*Лев может упрямо придерживаться ошибочной идеи или убеждения из тщеславия; Весы и Водолей знают, что за эгоцентричным человеком скрывается низкая самооценка.*

*Весы научат Льва хладнокровию и терпимости, использованию аргументации и дипломатии для поддержания ровного общения. Водолей, противоположный Льву знак, наделенный объективностью и справедливостью суждений, так как не подвержен предрассудкам, научит Льва видеть сердца людей, предлагать им свое плечо и говорить сочувственные слова в трудную минуту.*

*Лев никогда не колеблется при принятии решений, а если и колеблется, то не проявляет этого, что Весам следует практиковать.*

*Верность - отличительная черта Льва, неизвестная Водолею, и маленькие львята могут давать ему уроки нравственности.*

*У Дев, известных как перфекционисты из-за их огромного страха перед неудачей, родственными душами являются Скорпион и Козерог. Дева любит быть строгой в своих решениях и имеет прототип практически во всех аспектах своей жизни. Такая избирательность мешает им следовать за движением жизни.*

*Дева будет буквально разрывать весь проект на части, если посчитает, что он изначально не был идеальным, чего Козерог никогда не сделает, так как его видение позволяет ему увидеть, что всегда можно принять альтернативные меры, и не начинать все сначала.*

*Козерог - знак, уверенный в собственном пространстве, он не принимает бессмысленных решений, как это иногда делает Дева.*

*С другой стороны, Скорпион может смягчить худшее и усилить лучшее в Деве. Скорпион и Дева имеют практический подход к жизни, однако Скорпион гораздо более жизнелюбив, чем Дева. Скорпион принесет решительность, которой не хватает Деве, а Дева - контроль и рациональность страстному Скорпиону.*

*Дева сделает Козерога более приятным и игривым на своей стороне, изолируя его от той излишней серьезности, которую он часто демонстрирует на своем лице.*

## *Безумие*

*На протяжении всей истории человечества безумие представало перед нами как неясная, загадочная и противоречивая истина. Оно пугало нас, мы его игнорировали и даже принимали, и в результате люди, которые якобы страдали от него, отвергались, уничтожались и почитались.*

*Любое поведение, не согласующееся с нашими рассуждениями, — это не обязательно акт безумия, но иной способ действия.*

*Ошибкой будет, если мы, испытывая угрызения совести или раздражение от поступков или безрассудства других людей, прогоним их, поскольку это не сделает нас более разумными, уравновешенными или совершенными, а, наоборот, сделает такими же сумасшедшими.*

*Определение безумия так же сложно, как и определение здравомыслия, но все знаки Зодиака имеют свою степень безумия.*

*Рак: они темпераментны. Это приводит к тому, что они обладают непонятной для постороннего взгляда личностью. Популярность сумасшедшие заслужили благодаря своему непостоянному* характеру, который иногда мешает окружающим.

**Скорпион:** *для счастья им нужны перемены, они могут совершать безумные поступки только для того, чтобы получить хоть какую-то отдачу. Для них вспышка — это нормально, потому что они зависимы от перемен и неистовства.*

**Рыбы:** *невозможно, чтобы они не заразили вас своим безумием. Их нестабильность и неуравновешенность беспокоят окружающих. Они видят все в радужном свете, из-за чего их называют сумасшедшими, потому что они всегда парят на облаке.*

**Близнецы:** *славятся своей двойственностью. Иногда они находятся в конфликте с самими собой. Им нравятся вызовы, связанные с опасностью. Они любят планировать импровизированные приключения и всегда готовы перейти границы максимального безумия.*

**Лев**: *когда огонь поселяется в их голове, им кажется, что все, что окружает их жизнь, важнее всего остального. Они экстравагантны и* придерживаются взглядов, которые для других считаются безумными. Они могут совершать поступки, которые разумный человек никогда бы не совершил.

**Овны:** они расстраивают себя и всех окружающих. Они упрямы и любят быть первыми во всем, даже если для этого им приходится совершать безумные поступки. Они не знают, как взять свои слова обратно, что приводит их к иррациональным поступкам.

**Водолей:** Бунтарский и свободный знак, который нисколько не заботится о том, какое мнение о них сложилось. Они ведут себя капризно, с безумными взглядами, ломающими парадигмы.

**Стрелец:** Он весел, но жесток в своем стремлении к действию. Они не умеют соизмерять последствия своих действий, что многие считают безумием. Не странно видеть их совершенно необузданными, переходящими границы безответственности.

**Весы:** они жаждут счастья и гармонии, и чтобы получить их, готовы пойти на любые безумства. Они нестабильны, и это заставляет их нарушать взятые на себя обязательства, что многие считают безумием.

**Дева:** они впадают в крайности и становятся навязчивыми. Их представление о том, чего они хотят, написано на камне, никто не может дать им совет, они не позволяют руководить собой. Когда их не слушают, они совершают различные глупости.

**Телец**: когда в их голове рождается идея, никто не в силах ее прогнать, они даже совершают безумные поступки, чтобы подтвердить свою гипотезу. Попробуйте испытать их терпение, и вы узнаете, насколько далеко заходит уровень их безумия.

**Козерог**: Он абсолютно ничего не забывает, не прощает и тем более не забывает, если вы сделали что-то не так, не волнуйтесь, потому что он будет напоминать вам всю жизнь, чтобы свести вас с ума. Козерог безумно одержим идеей контроля.

### *Психология, лежащая в основе лотереи.*

*Лотерейные игры очень популярны во всем мире.*

*У каждого из нас есть несбыточная мечта выиграть в лотерею, ведь иллюзия стать миллионером благодаря удаче, даже если шансы минимальны, - главная причина, по которой люди играют.*

*Игроки считают, что стоимость лотерейного билета по отношению к прибыли, которую они получат в случае выигрыша, ничтожно мала. Мы всегда воспринимаем риск эмоционально, и если он приносит нам удовольствие, то мы склонны считать риск незначительным и нейтрализовать эмоцию опасности, сосредоточившись только на выгоде.*

*Игроки рассматривают лотерею как уникальную возможность получить вознаграждение, вложив небольшие деньги и практически не подвергаясь риску.*

*Игры имеют как традиционные, так и суеверные аспекты. Некоторые люди всегда играют в одни и те же числа, потому что они их любимые, связывают их со знаменательной датой или они им приснились.*

*Другие играют в определенное время, день или место. Когда мы думаем, что контролируем ситуацию, мы чувствуем себя уверенно, потому что, когда мы сами выбираем числа, а не играем наугад, хотя шансы оказаться правым одинаковы, у нас создается впечатление, что мы управляем судьбой, и шансы складываются в нашу пользу.*

*Есть люди, которые играют только ради удовольствия, в таких случаях лотерея выходит за рамки экономических затрат, превращаясь в развлечение, которое оживляется, когда они прикидывают, что можно сделать на приобретенные деньги.*

**Существует пять психологических описаний отдельных игроков в лотерею:**

**Авантюрист**, *которого завораживают игры с большими суммами денег, спекуляции со случайными числами и с запланированными.*

**Конкурент**, *который настойчиво стремится показать себя через азартные игры, что он ставит на победу.*

**Жадный**, *не имеющий границ в азартных играх и не боящийся рисковать при ставках.*

**Тактик**, никогда не играя рискованно, ищет тактику, стратегию и числовые наборы при игре с числами.

**Суеверный человек**, который всегда играет одни и те же комбинации чисел, использует талисманы, ритуалы или покупает билеты на определенную дату и в определенном месте.

Существует ли хитрость или формула выигрыша в лотерею?

Этот вопрос до сих пор остается без ответа. Многие предполагают и утверждают, что вероятность того, что вас ударит молния, выше, чем вероятность выиграть в лотерею. Другие же с большим упорством и тонкостью изучают шансы.

Игра в лотерею, да и любая другая азартная игра, если она ведется в меру, — это дешевый способ приобрести иллюзии и уверенность в завтрашнем дне. Сложность возникает тогда, когда человек не контролирует свои порывы к игре, порождая зависимость от азартных игр и впадая в компульсивный гэмблинг.

 Игровой наркоман — это человек, которому азартные игры доставляют большие трудности на работе и в семейных отношениях, поскольку проигрыши побуждают его играть на более крупные суммы с целью вернуть потерянные *деньги. Это становится замкнутым кругом, и единственным способом его разрешения является психотерапевтическое лечение.*


### *Лучшие подарки для знаков зодиака*


*Подарок — это универсальный способ показать, что мы заботимся о человеке и ценим его, но покупка подарка может стать сложной задачей, а для некоторых - настоящей головной болью.*

*Планеты могут помочь вам один раз, зная знак зодиака человека, вы сможете сделать идеальный подарок.*

***Огненные знаки: Овну, Льву и Стрельцу*** *нравятся подарки, которые заставляют их чувствовать свою значимость, связанные со спортом, путешествиями, техникой.*

*Этим знакам очень понравится профессиональный цифровой фотоаппарат, последняя модель iPhone, билет на самолет с включенным отелем в экзотическое туристическое место или с историческим прошлым, деловая литература, спортивная одежда или тренажеры, лотерейные билеты, бутылки изысканного вина и эксклюзивная брендовая обувь.*

**Тельцы, Девы и Козероги,** *принадлежащие к стихии Земли, иногда бывают традиционны, но это не значит, что им не нравятся подарки от признанных брендов.*

*Их порадует картина известного художника, ремень или портфель для ношения рабочих бумаг, бумажник с их инициалами, фирменная парфюмерия, массаж или процедуры для тела, домашнее животное, халаты, уютные пижамы или даже аром диффузоры.*

**Воздушные знаки: Близнецы, Весы и Водолей -** *не материалисты, и функциональность подарка для них гораздо важнее цены. Их воображение богато, и все, что стимулирует эту способность, им нравится.*

*Сотовый телефон, компьютер или IPad, книги по личностному росту, духовности, философии и альтернативным методам лечения, курсы самопомощи и расширения экономических возможностей, телескоп, билеты в оперу или театр, животное, которое не нужно держать в клетке, кварц, эфирные масла, благовония и одеколон после ванны будут высоко оценены этими знаками.*

**Рак, Скорпион и Рыбы,** *водные знаки, будут в восторге от персонализированных подарков. Посуда для приготовления пищи, романтический ужин на пляже под луной, расслабляющий массаж в спа-салоне, смелое нижнее белье, тапочки или удобный диван для просмотра телевизора, бутылка шампанского, ароматические свечи, амулеты, книги по астрологии, набор карт Таро, лосьоны, духи и косметические принадлежности, вино, печенье, консервы и всевозможные деликатесы - вот список подарков, которые эти знаки примут с большим удовольствием.*

*Дарить подарки — это благословение, это жест щедрости; дарение подарков — это символический акт, который представляет собой комплимент, внимание к тому, кого мы хотим порадовать, и символизирует привязанность, которую мы исповедуем.*

*Когда мы дарим подарки, отношения улучшаются и укрепляются, появляется радость.*

### *Знаки зодиака и их страхи.*

*Двенадцать знаков Зодиака символизируют двенадцать важнейших архетипов человеческой личности, но в то же время они являются психологическими прототипами, поэтому каждый из знаков Зодиака имеет очень специфический и личный страх.*

*Давайте вспомним, что страх — это важнейший механизм тревоги и защиты человека. Он становится проблемой только тогда, когда становится чрезмерным.*

*Страхи — это неуверенность в себе, и иногда мы проецируем их на противоположные действия, как это происходит со знаком **Овна, который** известен своей железной волей, ничто и никто его не парализует. Они любят все контролировать, а их самый укоренившийся страх - потерпеть неудачу или попросить о помощи, поскольку для них это синоним слабости.*

***Телец** - самый упрямый из земных знаков. Их пугают перемены, а также нехватка денег, они всю жизнь копят, потому что их пугает бедность.*

**Близнецы**, коммуникаторы Зодиака, немного тревожны и неуверенны в себе, они стараются привлечь к себе внимание, потому что боятся выглядеть скучными. Законные дети Луны, Раки любят свою зону безопасности, потому что там их никто не может обидеть, они боятся одиночества и отверженности.

**Лев**, король зодиака, лидеры и храбрецы, не рождены для того, чтобы проигрывать. Их самый укоренившийся страх - остаться незамеченными; они предпочитают, чтобы о них говорили плохо, но не игнорировали.

Мастер аккуратности **Дева** иногда становится навязчивым в вопросах здоровья, поэтому они ипохондрики. Их главный страх - заболеть, но больше всего их пугает неорганизованность.

Исключительно интеллектуальные **Весы** нерешительны, и в этом кроется их главный страх - принимать решения. Другой их страх - одиночество.

Загадочные и обольстительные **Скорпионы** обладают памятью слона, они боятся предательства и, если вы сделаете что-то, что им не понравится, они будут скрывать это от вас вечно. Никогда не храните секреты от Скорпиона.

Авантюрист по знаку зодиака, **Стрелец** боится обязательств, потому что их требования ужасают. Они очень веселы, но за улыбкой скрывается страх быть обманутым.

Требовательные до крайности, **Козероги** никогда не отступают от своих целей; их главный страх - совершить ошибку, особенно на профессиональном уровне. Они самоотверженны и боятся не достичь своей мечты.

Бунтари и **утописты-Водолеи** боятся потерять свободу, это означало бы утрату собственной сущности. У них всегда много дружеских связей, но ни одна из них не связывает их. Они нуждаются в группе, но не хотят, чтобы группа нуждалась в них.

Мир - синоним **Рыб**, они ненавидят конфронтацию. Сострадательные до глубины души, они боятся видеть, как страдают другие.

*Они немного неуверенны в себе, испытывают страх сцены и боятся отказа.*

*В некоторых старых книгах по астрологии Сатурн полностью отвечает за страх в натальной карте, я же считаю, что для возникновения страха необходимо проявление союза нескольких планет с соответствующими энергиями.*

*То есть страхи представлены различными планетами, связанными аспектами, нет конкретной планеты, которая обязательно связана с развитием того или иного вида страха.*

### *Луна в Водолее*

*Людям с Луной в Водолее необходимо чувствовать себя принятыми и быть частью группы. Чувство группового принятия - самая важная потребность для людей с Луной в Водолее.*

*Если у Вас Луна в Водолее, то Вы будете чувствовать себя наиболее уверенно, когда Вас окружают люди, разделяющие Ваши убеждения и взгляды. Для Вас важна групповая динамика, и именно там Вы чувствуете себя наиболее уверенно. Водолей должен понять, что потребности отдельного человека важнее потребностей группы.*

*При Луне в Водолее Вы будете инстинктивно искать то общее, что у Вас есть с другими, и будете стремиться к одобрению через принятие в группу. Иными словами, Вы будете чувствовать себя в безопасности, когда ощутите свою принадлежность.*

*В любых ситуациях и отношениях вы будете искать то, что вас объединяет с другими, чтобы поддерживать ощущение группы.*

*Если ваша Луна находится в Водолее, вы предпочитаете подходить к своим эмоциям с логической точки зрения, и вам не очень* комфортно исследовать свои эмоции на глубоком уровне, а когда на вас оказывают давление, вы можете почувствовать угрозу.

При Луне в Водолее ваша эмоциональная безопасность связана с тем, что вас объединяет с другими людьми.

Водолей имеет репутацию непредсказуемого человека, но это связано с тем, что иногда границы группы не определены.

Люди с Луной в Акурой сторонятся стабильности. Их талант - быть людьми, которые чувствуют себя комфортно в любом месте и не имеют предрассудков, когда речь идет о связях. Они очень креативны и обладают способностью к лидерству.

Люди с Луной в Водолее упрямы, и их очень трудно переубедить.

Они очень наблюдательны и анализируют причины, по которым окружающие их люди занимают те или иные позиции. Они гордятся своей семьей и хвастаются своими победами.

### *Значение знака Асцендент*

*Знак Солнца оказывает большое влияние на то, кто мы есть, но Асцендент — это то, что действительно определяет нас, и это даже может быть причиной того, что вы не идентифицируете себя с некоторыми чертами вашего знака Зодиака.*

*Действительно, энергия, которую дает вам ваш солнечный знак, заставляет вас чувствовать себя не так, как все остальные люди, поэтому, когда вы читаете свой гороскоп, вы иногда чувствуете себя идентифицированным и придаете смысл некоторым предсказаниям, и это происходит потому, что он помогает вам понять, что вы можете чувствовать и что с вами произойдет, но он показывает вам только процент того, что может быть на самом деле.*

*Асцендент отличается от знака Солнца тем, что он отражает то, кем мы являемся поверхностно, то есть то, как другие видят вас или энергию, которую вы передаете людям, и это настолько реально, что вы можете встретить человека и, предсказав его знак, обнаружить его знак Асцендент, а не знак Солнца.*

*В целом, характеристики, которые вы видите в человеке при первой встрече, — это Асцендент, но поскольку наша жизнь зависит от того, как мы относимся к другим людям, Асцендент оказывает большое влияние на нашу повседневную жизнь.*

*Объяснить, как вычисляется или определяется знак Асцендент, достаточно сложно, поскольку он определяется не положением планеты, а знаком, восходящим на восточном горизонте в момент вашего рождения, в отличие от вашего солнечного знака, который зависит от точного времени вашего рождения.*

*Благодаря технологиям и Вселенной сегодня узнать эту информацию проще, чем когда-либо, конечно, если вы знаете время своего рождения, или если вы имеете представление о времени, но запас не превышает нескольких часов, потому что существует множество сайтов, которые производят расчеты путем ввода данных, astro.com - один из них, но их бесконечное множество.*

*Таким образом, читая свой гороскоп, вы можете также прочитать свой Асцендент и узнать больше индивидуальных деталей, и вы увидите, что с этого момента ваш способ чтения гороскопа изменится, и вы узнаете, почему этот Стрелец такой скромный и пессимистичный, если на самом деле он такой преувеличенный и оптимистичный, и это, возможно, потому, что у него Асцендент Козерога, или потому, что этот коллега Скорпион всегда говорит обо всем, без сомнения, у него Асцендент Близнецов.*

*Я собираюсь обобщить характеристики различных Асцендентом, но это также очень общее описание, поскольку эти характеристики изменяются планетами в соединении с Асцендентом, планетами, аспектирующими Асцендент, и положением планеты-управителя знака в Асцендент.*

*Например, человек с Асцендентом Овна, у которого управляющая планета Марс находится в Стрельце, будет реагировать на окружающую среду несколько иначе, чем другой человек, также с Асцендентом Овна, но у которого Марс находится в Скорпионе.*

*Точно так же человек с Асцендентом Рыб, имеющий конъюнкцию Сатурна, будет "вести себя" иначе, чем человек с Асцендентом Рыб, не имеющий этого аспекта.*

*Все эти факторы изменяют Асцендент, астрология очень сложна, и гороскопы не читаются и не составляются с помощью карт Таро, поскольку астрология — это не только искусство, но и наука.*

*Часто можно спутать эти две практики, и это связано с тем, что несмотря на то, что это два совершенно разных понятия, они имеют* некоторые общие моменты. Одним из таких общих моментов является их происхождение, которое заключается в том, что обе процедуры известны с древнейших времен.

Они также схожи по используемым символам, так как в обоих случаях речь идет о неоднозначных символах, которые необходимо интерпретировать, что требует специального чтения и обучения, чтобы знать, как интерпретировать эти символы.

Различий тысячи, но одно из главных состоит в том, что если в Таро символы совершенно понятны на первый взгляд, являясь образными картами, хотя и необходимо знать, как их хорошо интерпретировать, то в астрологии мы наблюдаем абстрактную систему, которую необходимо знать прежде, чем интерпретировать, и, конечно, надо сказать, что, хотя мы и можем распознать карты Таро, любой человек не может их правильно интерпретировать.

Толкование также является отличием этих двух дисциплин, поскольку если в таро нет точной привязки ко времени, так как карты располагаются во времени только благодаря вопросам, задаваемым в соответствующем раскладе, то в астрологии есть привязка к конкретному положению планет в истории, и *системы толкования, используемые в обеих дисциплинах, диаметрально противоположны.*

*Астрологическая карта — это основа астрологии и самый важный аспект для составления прогноза. Чтобы чтение было успешным и позволило узнать больше о человеке, астрологическая карта должна быть идеально проработана.*

*Для составления карты рождения необходимо знать все данные о рождении человека, о котором идет речь.*

*Она должна быть точно известна, начиная с точного времени ее доставки и заканчивая местом, где она была выполнена.*

*Положение планет в момент рождения покажет астрологу те точки, которые необходимы ему для составления карты рождения.*

*Астрология — это не только знание своего будущего, но и знание важных моментов своего существования, как настоящего, так и прошлого, чтобы принимать более правильные решения для определения своего будущего.*

*Астрология поможет вам лучше узнать себя, чтобы изменить то, что мешает вам, или усилить свои качества.*

*И если астрологическая карта является основой астрологии, то гадание на таро является основополагающим в последней дисциплине. Как и от того, кто составляет астрологическую карту, от провидца, который составляет расклад Таро, зависит успех вашего чтения, поэтому лучше всего обратиться к рекомендуемым гадателям, и хотя, конечно, вы не сможете ответить конкретно на все вопросы, которые задаете себе в жизни, правильное чтение расклада Таро и карт, которые выходят в раскладе, поможет сориентироваться в решениях, которые вы принимаете в своей жизни.*

*Таким образом, и астрология, и таро используют символизм, но главный вопрос заключается в том, как весь этот символизм интерпретируется.*

*человек, действительно владеющий обеими техниками, несомненно, окажет большую помощь тем, кто обратится к нему за советом.*

*Многие астрологи совмещают обе дисциплины, и регулярная практика показала мне, что обе они обычно очень хорошо сочетаются, обогащая все вопросы предсказания, но это не одно и то же, и нельзя составить гороскоп по картам Таро, как нельзя составить Таро по астрологической карте.*

### *Водолей Асцендент Овен*

*Водолей на Асцендент Овна обладает сильным характером, авторитетом, здравым смыслом и элегантностью. Водолей с таким Асцендентом будет более серьезным, менее открытым для отношений со всеми и более непримиримым. Он будет современным, смелым, а на работе - авторитарным, трудолюбивым, предприимчивым и аналитическим. В любви Вы будете склонны экспериментировать с несколькими отношениями, прежде чем посвятить себя им. В профессиональной сфере Ваша индивидуальность и быстрота мышления наделяют Вас уникальной способностью разрешать трудности и предлагать решения. Умелый и необычайно активный, он легко проявляет инициативу. Он не любит, когда его контролируют, и лучше всего функционирует, когда обладает самостоятельностью и свободой.*

### *Асцендент Водолей-Телец*

*Водолей-Асцендент-Телец склонен договариваться и находить общий язык со всеми. Он также обладает даром общения с людьми, любит светскую жизнь и веселье. Он ведет здоровый образ жизни, романтичен, ориентирован на детали и более склонен к браку. Он также чувственен и ласков. В любви он очень* собственник и не готов жертвовать личными аспектами ради аффективных отношений. Чтобы сохранить стабильные отношения, он должен научиться жертвовать своей независимостью, чтобы сбалансировать семейную жизнь.

### Водолей Асцендент Близнецы

Водолей Асцендент Близнецы отзывчивы и гуманны. Они любят помогать и учить других. Они интеллектуальны, любят вести здоровый образ жизни и заниматься спортом. Их характер жизнерадостный, коммуникабельный, но в то же время философский. Они очень добры, но любят, когда уважают их личную свободу. Их привлекает новый опыт, они склонны к необычным приключениям. Они очень восприимчивы к занятиям, которые дают им умственную нагрузку.

### Водолей Асцендент Рак

Рак с Асцендентом Водолея чувствителен и чувственен. Они собственники, ревнивы, страстны и традиционны. Они всегда готовы устраивать вечеринки, знакомиться с новыми людьми и обожают своих друзей. Они очень заботливы и восприимчивы. Их ум логичен и рационален. Они могут преуспеть в любом деле, приносящем большие доходы. Однако успех будет более значительным, если они будут работать в партнерстве.


### Водолей Асцендент Лев

Водолей-Асцендент Лев - утонченный человек, следящий за последними новинками моды, любитель роскоши и ночной жизни. Он любит устраивать вечеринки и отличается щедростью. Он всегда заботится о своих друзьях и любит помогать. Он страстный, романтичный и авантюрный. Он не любит доминировать и может быть диктатором. Он очень сентиментален, предан и экспрессивен. Они любят интенсивные отношения, хотя в стремлении защитить партнера могут подавлять его. Они любят блистать и занимать известные позиции. Их цели альтруистичны, но у них есть эгоцентрические потребности, им необходимо чувствовать, что их ценят и признают за то, что они делают для других. Они любят ходить в гости и наслаждаться общением, так как очень дружелюбны.

### Водолей Асцендент Дева

*Водолей Асцендент Дева обладает врожденной способностью все анализировать. Вы любите планировать и структурировать свою жизнь. На работе Вы любите все контролировать, особенно когда речь идет о бумажной работе. Она склонна к новаторству и созданию новых предприятий и очень профессиональна. Он независим и любит спорт на свежем воздухе. В профессиональной сфере обладает напряженной волей и предрасположенностью к выполнению поставленных задач. Он очень организован и перфекционист, неутомим, услужлив и внимателен. Он сдержан и интроверт, но эмоционально требователен и отстранен.*

### Водолей Асцендент Весы

*Водолей-Асцендент — это человек, ведущий активную социальную жизнь, ночной и веселый. Этот Водолей ведет более спокойный образ жизни, меньше занимается спортом, но имеет много друзей. Утонченный и элегантный Водолей. Комфорт является их приоритетом. Он отличается элегантностью, ценит удовольствия жизни, а его ум - интервалы отдыха. На профессиональном уровне он обладает большими интеллектуальными способностями, очень креативен, ценит диалог и интересуется* инновационными методами, делающими его работу продуктивной. Дружелюбный и экстравертный, он должен быть очень влюблен, чтобы чувствовать себя счастливым.


### Водолей Асцендент Скорпион

Водолей-Асцендент-Скорпион очень наблюдателен и аналогичен. Он очень чувственен и обладает невероятной силой обольщения. Он очень привлекателен, но любит быть независимым. Эти люди наделены магнетической личностью, но с ними нелегко иметь дело. Наблюдательный и недоверчивый, этот Водолей всегда стремится к свободе. Он отличается оригинальностью, целеустремленностью и амбициозностью. Он очень осторожен и старается хорошо узнать человека, прежде чем посвятить себя ему. Когда он чувствует себя в безопасности, он отдается своему партнеру.


### Водолей Асцендент Стрелец

Стрелец на Асцендент Водолея - дружелюбный, динамичный, путешественник, авантюрист и интеллектуал. В профессиональной сфере они будут очень креативны, изобретательны и трудолюбивы. В любви они очень независимы. Эти люди очень беспокойны, стремятся к свободе и любят мысленно открывать для себя новые горизонты. Они любят путешествовать, знакомиться с различными культурами и всегда стремятся к новым впечатлениям. Они обладают невероятной быстротой ума и проявляют большой интерес к возможностям расширения своих знаний. Они очень коммуникабельны, легко заводят отношения и очень восприимчивы.

### Водолей Асцендент Козерог

Козерог на Асцендент Водолея — это человек с большим чувством, пассионарностью, аналитическими способностями и успешный в профессиональном плане. Он очень трудолюбив, предприимчив и всегда в моде. Это хорошие менеджеры, скрупулезные и контролирующие, но иногда они склонны ввязываться в рискованные предприятия, что может привести к финансовым потерям. Иногда они могут казаться загадочными из-за своей склонности не рассказывать о себе слишком много. Они любят уединение, но когда сближаются с кем-то, то проявляют преданность и доверие. Они очень организованны, но негибки.

### *Водолей Асцендент Водолей*

*Водолей Асцендент Водолеи обаятельны, честны, отзывчивы и гуманны. В профессиональной сфере они предприимчивы, лидеры и трудолюбивы. В любви они застенчивы, честны, надежны и испытывают глубокие чувства. Они обладают сильной личностью, очень высокой самооценкой и любят, чтобы их замечали. Эти Водолеи добиваются успеха, потому что умеют использовать свой интеллект, чтобы бросить мысленный вызов тем, кто критикует их непредсказуемость.*

### *Водолей Асцендент Рыбы*

*Водолей-Асцендент-Рыбы — это люди, открытые для эпизодических отношений. Они добрые, милые и творческие. Водолей с Асцендентом Рыб — это смесь разных миров. Ориентированная на будущее логика Водолея вступает в партнерство с интуитивной набожностью Рыб, создавая прекрасную и увлекательную личность. Он может работать в уединенных местах или заниматься деятельностью, требующей самоотдачи с возможностью созидания.*

## *Сатурн в Рыбах - одно из важнейших астрологических событий.*

*7 марта 2023 года стало одним из самых важных дней в астрологическом календаре этого года. Сатурн, суровый учитель и повелитель кармы, вступил в противоборство с Рыбами, мечтателями. Нынешний транзит Сатурна по знаку Рыб, который продлится до февраля 2026 года, оказался не самым приятным.*

*Сатурн - планета ответственности и строгой власти, дисциплинирующая и структурирующая нас во время своих транзитов по знакам Зодиака. Сатурн хочет убедиться в том, что мы достигаем своих целей, и когда эта планета проходит через Рыб, самый духовный знак, нам предстоит сделать несколько важных предложений. Плутон и Сатурн, двигаясь в унисон, вызовут гигантский энергетический вулкан и гарантированно станут незабываемым периодом.*

*Это может показаться формулой борьбы, но такое энергетическое сочетание может быть эффективным и прибыльным.*

*Сатурн в Рыбах не удовлетворен. Ему трудно создавать структуры и строить реальность, когда все смещается. Рыбы - двойственный знак, поэтому он может выражать себя противоположными способами; он может быть как трансцендентным, так и практичным. Есть вероятность, что Сатурн в Рыбах указывает на строительство форм над или под водой, или на господство над водой, например, трубопроводов, акведуков, портов. Но он также может указывать на разрушение этих сооружений из-за ураганов или хрупкости конструкции.*

*Архетип Рыб противоречит Сатурну. Он олицетворяет утопию, творчество, духовность и эзотерику, а также мечты, иллюзии, ложь и эскапизм. Он символизирует стремление течь подобно морю, разрушая границы и ограничения.*

*Последний транзит Сатурна в Рыбах проходил с мая 1993 года по апрель 1996 года. На этом этапе проявились результаты распада Советского Союза в 1989 году, который вызвал последствия по всему миру и разрушил российскую экономику. В 1994 году Россия начала первую чеченскую войну, которая продолжалась до 1996 года. В мае 1993 года в Гааге был создан Международный уголовный трибунал по бывшей Югославии для судебного преследования военных преступлений, совершенных во время югославской войны в начале 1990-х годов.*

*С другой стороны, боснийская война между хорватами, боснийцами и сербами* сопровождалась жестокостями и этническими чистками, различными казнями. Война закончилась в 1995 году, и большинство командиров боснийских сербов были осуждены за геноцид и преступления против человечности. В 1994 году начался геноцид в Руанде, когда банды хату убили более 700 тыс. тутси, а в ходе резни, окончательно завершившейся в июле, было изнасиловано несметное количество женщин. Кризис разоружения Ирака после окончания первой войны в Персидском заливе был в самом разгаре, было много шума и не было доверия между участниками.

В Швейцарии секта "Орден Солнечного храма" совершила целую серию преступлений и массовых самоубийств, а в США Тимоти Маквей убил 168 человек во время взрыва в Оклахома-Сити. Именно во время транзита Сатурна по Рыбам Од. Симпсон был арестован за убийство своей бывшей жены и бойфренда и освобожден после длительного судебного процесса, ставшего зрелищем в голливудском стиле.

 В Лондоне Фред Уэст и его жена Роуз были заключены в тюрьму после того, как на их заднем дворе были обнаружены тела многочисленных жертв убийств.

В ЮАР прошли первые многорасовые выборы, президентом страны был избран Нельсон

*Мандела, который впоследствии отменил смертную казнь в этой стране. Россия и Китай подписали соглашение о прекращении провоцирования друг друга своими ядерными устройствами, а Договор о нераспространении ядерного оружия был бесконечно усилен 170 странами. В Австралии была достигнута договоренность о выплате компенсации коренному населению, выселенному во время ядерных испытаний в 1950-1960-е годы.*

*Среди других событий во время транзита Сатурна в Рыбах - религиозные течения, идеологические движения, такие как социализм и левизна, передача болезней и инфекций, деструктивное поведение, вызванное паникой, рост употребления наркотиков и развитие всех видов искусства, а также средств морского транспорта.*

*Сатурн в Рыбах будет следить за тем, чтобы мы не могли использовать духовность или страх, чтобы избежать определенных конфликтов, с которыми нам придется столкнуться. Мы можем медитировать, уехать на сто лет в Тибет, использовать самые мощные мантры во Вселенной, но в какой-то момент мы должны действовать.*

*В последние несколько лет, когда Сатурн проходил транзит по Водолею, возникла* необходимость сосредоточиться на индивидуальности и быть более искренними, а не терпеть принуждение со стороны окружающих.

Хотя Водолей - знак, известный тем, что танцует под свою дудку, Сатурн, связанный с ограничениями, подтолкнул нас к тому, чтобы остаться наедине с собой (вспомните ограничения во время пандемии) и посмотреть, куда мы можем поместить себя, чтобы создать здоровые границы.

Все эти уроки подготовили нас к тому, что нас ожидает с Сатурном в Рыбах. Мы начнем более осмысленно подходить к вопросу о том, как привнести духовность в нашу повседневную жизнь, сохраняя при этом понимание того, как следует себя структурировать. Многие люди откажутся от религий и догм или поставят их под сомнение.

Конечно, есть много тех, кому этот период не понравится, среди них - религиоведы и те, кто пропагандирует теории заговора. Мы увидим конфликты между людьми, исповедующими разные религии, и множество тенденций, направленных на то, чтобы доминировать над тем, во что верят другие.

Мы должны принять тот факт, что, если другие не согласны с нашими убеждениями, это не значит, что они не правы. Это просто указывает на то, что их взгляды отличаются, ведь в итоге Рыбы выступают за всеохватность. То, чего нам не хватает.

Поскольку Рыбы и Нептун управляют бизнесом развлечений, крупные студии и звукозаписывающие компании закроются, и многие артисты, имевшие отношение к этим студиям, решат создать свои собственные. Если Вы являетесь художником, то в Ваших интересах использовать свой труд с пользой для себя, а не позволять крупным компаниям, стоящим у вершины, наслаждаться дивидендами.

Снизится интерес к спецэффектам и усилится ориентация на самодостаточные фильмы и темы, отражающие повседневность. Мы будем ценить окружающую нас красоту и меньше ориентироваться на гламур.

Карма часто воспринимается как нечто злое, но если вы вели себя хорошо, то не так уж и плохо пожинать то, что посеяли. Работа с кармическим и подсознательным багажом, понимание прошлого и готовность его отпустить — все это очень важно для того, чтобы пройти этот транзит и успешно выйти из него. Если вы уклонитесь от этого, Сатурн накажет вас, но если вы примете его, то придете в место, которое предопределено для чего-то великого.

*Положение Сатурна в нашей натальной карте указывает на то, где мы вынуждены обрести контроль над реальностью и взять на себя большую ответственность.*

*Рыбы - последний знак Зодиака, поэтому движение Сатурна здесь также указывает на завершение или точку окончания гораздо более крупного цикла.*

*Рыбы - водный знак, олицетворяющий свет, тьму и невидимые миры. Он известен своими абстрактными идеями и творчеством. Рыбы - мотобольный знак, что означает, что он адаптируется и открыт для энергий окружающего мира. Сатурн - очень твердая энергия. Он управляет законом, ответственностью и ограничениями, и его энергия иногда может быть похожа на сигнал тревоги, возвращающий нас к реальности, и заставляющий столкнуться с последствиями своих действий.*

*Присутствие Сатурна в Рыбах может показаться несколько тяжелым из-за всего этого, так как обычно водная, интуитивная и чувствительная энергия Рыб будет вынуждена стать более сдержанной.*

*Чтобы лучше понять это, можно рассуждать так: если Рыбы — это плавно текущая вода, то* присутствие Сатурна будет создавать плотины, и эти плотины могут направлять воду в продуктивное и полезное русло, но могут и подавлять или контролировать ее.

Однако существует возможность создать баланс между этими двумя энергиями, поскольку творческие, неосязаемые и внешние идеи, свойственные энергии Рыб, могут укорениться благодаря Сатурну.

Сатурн обладает практической энергией, поэтому, если соединить его с творческим потенциалом Рыб, можно достичь баланса, который поможет нам воплотить наши творческие идеи в жизнь или даже превратить их в бизнес.

Рыбы также связаны с религией и духовностью, поэтому под влиянием Сатурна может возникнуть множество вопросов о религии и духовности и о том, как они связаны с правилами, управляющими обществом; духовная индустрия также может получить импульс к развитию под влиянием этой энергии, или на личном уровне изменится Ваше собственное отношение и убеждения относительно Ваших духовных или религиозных связей.

Сатурн действительно хочет, чтобы мы сделали шаг вперед, взяли на себя ответственность за свою жизнь и действовали в соответствии со своим подлинным "я". Сатурн может наложить ограничения, которые заставят нас почувствовать себя в ловушке или задохнуться, но это только для того, чтобы мы смогли найти время для того, чтобы понять, чего мы действительно хотим и что готовы отстаивать. Другой способ получить больше информации об этом мощном планетарном транзите - подумать о темах, которые развивались в вашей жизни в последний раз, когда Сатурн находился в Рыбах, а именно с 1994 по 1996 год, чтобы получить дополнительную информацию о том, что может принести вам этот цикл.

## *Как это отразится на знаке Водолея?*

*Сатурн только что покинул Ваш знак, и Вы чувствуете облегчение, Сатурн может принести Вам много тяжелой работы, особенно в вопросах, связанных с Вашим здоровьем или саморазвитием. Поскольку Сатурн готовится покинуть Ваш знак в начале марта, помните, что Вас ожидает подарок. Сатурн - владыка кармы, и он всегда вознаграждает наши кармические добрые дела. Все усилия, которые Вы приложили для преодоления вызовов Сатурна, теперь могут окупиться.*

*Так что, если вам было трудно, если вы чувствовали, что двигаетесь в гору, то теперь вы достигнете цели и сможете насладиться великолепным видом. Дышите, вы заслужили это. Вы заслуживаете того, чтобы использовать это время для празднования и чествования всех уроков и испытаний, через которые вы прошли.*

*Найдите время, чтобы поблагодарить себя за все, чему вы научились, и за то, насколько вы мудры сегодня. Обратите внимание на то, как вы выросли и повзрослели. Когда Сатурн входит в ваш знак, он хочет, чтобы вы взяли на себя ответственность за каждый аспект своей жизни, начиная с физического тела, заканчивая тем, кем вы себя окружаете, и тем, чему вы* решили посвятить свое время. Сатурн дает нам полный обзор жизни и убеждается, что мы живем в соответствии с нашим предназначением.

Многие переезды и перемены, происходившие в последние несколько лет, привели Вас в это место и приблизили к Вашему душевному контракту, поэтому, даже если Вы столкнулись с трудностями, помните, что все это во имя духовного роста и расширения! С переходом Сатурна в знак Рыб у вас появится передышка, и вы заметите, как энергия станет легче.

Если вы чувствовали себя отягощенным, как будто на ваши плечи легла вся тяжесть мира, то теперь вы можете отложить это в сторону и приветствовать свежую легкость, которая вас ожидает. Проходя через Рыб, Сатурн будет работать над вашими финансами, чувством собственного достоинства и связью с изобилием.

Возможно, Вам потребуется сделать шаг вперед, чтобы подтвердить свою значимость и понять, чего Вы действительно заслуживаете, возможно, Вам нужно избавиться от мыслей о нехватке и недостатке и напомнить себе, что Вы достойны иметь и получать щедроты Вселенной. Я хочу, чтобы Вы смогли расслабиться и насладиться временем, когда Сатурн покинет Ваш знак, так что сделайте это, но позже, когда почувствуете, что готовы, снова принимайтесь за работу, *потому что Сатурн ждет, и он не так уж терпелив.*

*Известный как Владыка кармы, Сатурн будет стремиться к тому, чтобы долги и кармические балансы были выплачены, а поскольку Сатурн в Рыбах работает с Вашими финансами, это может проявиться в виде счетов и налогов. Если вы боретесь с долгами, то сейчас самое время заняться организацией и разработать практический план, чтобы начать выплачивать часть своей задолженности. Это также хорошее время для того, чтобы привести в порядок свое финансовое положение и убедиться в том, что Вы живете по средствам и не перерасходуете денег.*

*Однако, если вы боитесь тратить деньги и не даете себе места для развлекательных трат, возможно, вам также следует обратить внимание на какие-то глубинные страхи. Сатурн очень практичен, и вот несколько практических примеров того, что может проявиться. На практическом уровне — это научиться лучше обращаться с деньгами и научиться управлять своими финансами таким образом, чтобы они не были подавляющими, но и не слишком потакающими. На более глубоком уровне, однако, Сатурн поможет вам разобраться с чувством собственного достоинства и с тем, что деньги* значат для вас. Для многих из нас деньги являются паспортом безопасности, и, хотя в какой-то степени это оправдано, работа над своими отношениями с деньгами может помочь Вам развить более позитивную и здоровую связь с тем, что они в Вас пробуждают.

Другими словами, деньги — это просто обмен энергией, это энергетическая "валюта", которая переходит от человека к человеку. Подумайте, какие чувства вызывает у вас эта идея и как вы можете изменить свое отношение к деньгам или взгляды на них. Наше отношение к деньгам также напрямую связано с нашим ощущением изобилия и с тем, насколько мы открыты для получения.

Изобилие — это энергетическая сила, которая живет вокруг нас, и самый быстрый способ приобщиться к изобилию — это практиковать благодарность и думать обо всем, что у вас есть, а не о том, чего у вас нет. Сосредоточение на том, что у вас есть, приводит вас в прямое вибрационное соответствие с изобилием, и это позволяет большему изобилию течь к вам.

Ваши отношения с изобилием связаны не с деньгами, а с тем, насколько вы достойны получать и работать с теми дарами, которые должна приносить Вселенная. С Сатурном в Рыбах Вы, естественно, можете обнаружить, что к Вам приходит больше изобилия, причем не только в виде денег, но и в виде возможностей и проектов. С другой стороны, Вы можете почувствовать, что все двери вокруг Вас закрываются. В этом случае помните, что это призыв обратиться внутрь себя и работать над благодарностью и теми дарами, которые уже находятся вокруг Вас.

Это поможет Вам восстановить связь с изобилием Вселенной. Возможно, Вам также будет полезно помедитировать на то, что вызывает у Вас ощущение изобилия, а затем визуализировать этот образ всякий раз, когда Вы почувствуете, что Вам нужна энергетическая подпитка. Сатурн в Рыбах также подскажет Вам, как сделать шаг вперед и взять на себя ответственность за свою самооценку: если Вы не считаете себя достойным иметь что-то, то Вам будет очень трудно это получить.

Сатурн научит вас ценить себя, причем не только в отношении денег и изобилия, но и во всех сферах вашей жизни. Сатурн - мастер создания границ, поэтому создание границ здесь может помочь вам подтвердить свою ценность и утвердить свою силу.

Самооценка также связана с любовью к себе, и это тоже может стать проблемой, которая возникнет у Вас в период прохождения Сатурна по знаку Рыб. Отражают ли Ваши поступки то, что Вы любите себя? Ответ на этот вопрос, скорее всего, будет глубоким, но Сатурн в Рыбах поможет вам разобраться в нем. Шаг за шагом, шаг за шагом, Вы начнете устанавливать более прочные и надежные отношения с деньгами, с изобилием и, что самое важное, с чувством собственного достоинства. На самом деле, если Вы просто сосредоточитесь на самооценке, все остальное встанет на свои места.

## *Дружба с астрологической точки зрения*

*Дружба - одна из самых прекрасных человеческих связей, друг — это приют в наших горестях, с которым мы разделяем минуты радости.*

*Одни дружеские отношения зарождаются мгновенно, а другим требуются годы, чтобы укрепиться. Они строятся на взаимности и преданности.*

*Найти настоящего друга в наше время довольно сложно, ведь мы живем в обществе, где почти каждый стремится извлечь из чего-то выгоду, поэтому, когда мы находим такого друга, мы цепляемся за него.*

*Важно помнить, что каждый человек, который встречается на нашем пути, будь то хороший или плохой, преподносит нам важный урок, который мы должны усвоить.*

*Когда речь заходит о дружбе, астрологии, как всегда, есть что сказать. Мы не все придаем дружбе одинаковое значение в нашей жизни, и мы не одинаково привязываемся к нашим друзьям.*

***Овен -*** *очень дающий и спонтанный знак. Это тот самый друг, с которым не страшно ни в хорошие, ни в плохие времена. С ними вы переживаете приключения и сумасшедшие дни.*

Иногда Овны позволяют своему темпераменту омрачать их истинные качества, но в итоге это люди, которым можно доверять. Весы и Водолей - лучшие союзники Овна.

**Тельцы -** самые упрямые друзья, но самые надежные.  Дружба Тельцов преодолевает любые неудачи и преодолевает барьеры времени. Это преданные, верные, постоянные друзья и хорошие советчики. Иногда бывают собственниками и ревнивцами. Лучшие союзники Тельцов - Козерог и Рак.

**Близнецы** очень веселы и всегда имеют много друзей. Он немного непоследователен и болтлив, поэтому ненадежен. С ними нужно плыть по течению и приспосабливаться к их разностороннему поведению. Дружба Близнецов должна быть интеллектуальной, поэтому лучшими союзниками для них являются Весы и Лев.

**У Раков** очень маленький круг друзей, потому что они боятся открыться другим. Это очень сентиментальный, щедрый и заботливый друг. Они всегда готовы предложить вам свое плечо, чтобы успокоить ваши недуги. Если вы их друг, то вы часть их семьи. Лучшими союзниками Рака являются Дева и Рыбы.

***Лев -*** *харизматичный, веселый и теплый человек. Он очень предан и жертвует собой ради своих друзей. Благодаря своей магнетической ауре они притягивают к себе множество друзей. Им доставляет огромное удовольствие делать одолжения, отдавать, не ожидая ничего взамен. Однако дух соперничества и эгоцентризм - их ахиллесова пята, им нужны скромные и терпеливые друзья. Их лучшие союзники - Козероги и Стрельцы.*

***Дева****, совершенство распространяется и на эту область. Они требовательны и избирательны. Они не обращают внимания на свои личные проблемы, чтобы протянуть руку помощи своим друзьям. Они приветливы и сдержанны. Иногда они любят уединяться в своем собственном мире и никого туда не пускать. Лучшие союзники Девы - Рак и Скорпион.*

***Весы****гармоничны, безмятежны и спокойны. Они умеют веселиться с друзьями, любят жить в окружении друзей и благодаря дипломатическим способностям умеют решать проблемы своих друзей. Когда они завязывают дружбу, она искренняя. Лучшие союзники Весов - Стрелец и Водолей.*

***Скорпион****, их отношение к жизни благородно и прямолинейно. Ревнивый и собственнический по отношению к своим друзьям, Скорпион среди* *ваших друзей — это синоним абсолютной поддержки. Скорпион - один из самых верных друзей, которых можно встретить в жизни, очень хороший советчик. Лучшие союзники Скорпиона - Дева и Козерог.*

***Стрелец**, иметь друга этого знака - все равно что обладать удачей. Их дружба - одна из самых искренних, чистых и благородных среди всех знаков Зодиака. Стрелец идет ради своих друзей на все. Они обладают способностью к многочисленным дружеским связям, умеют решать проблемы, оберегают. Лучшие союзники - Весы и Близнецы.*

***Козерогам** нелегко найти друзей, поскольку они очень осмотрительны и осторожны. Они стремятся к дружбе, которая длится долго, поскольку знают, насколько значимы эти связи в жизни. Когда им удается установить связь, они верны. Им нравится, когда к ним прислушиваются и не игнорируют их советы. Его лучшие союзники - Тельцы и Девы.*

***Водолей** - идеальный друг, уважающий личную жизнь своих друзей и сдержанный. Они очень щедры с теми, кого действительно ценят. Но они не терпят, когда кто-то пытается помешать их свободе, потому что они очень независимы. Друг-Водолей — это настоящее сокровище, о котором нужно заботиться, потому что он всегда будет* отдавать все лучшее, не требуя ничего взамен. Их лучшие союзники - Весы и Овны.

**Рыбы**, мир, который излучает этот знак, как магнит притягивает друзей. Это милые и верные люди, поэтому они порождают ни с чем не сравнимую эмпатию. Они искренни и выражают себя с душой, но требуют от других взаимности. Им необходимо побыть в одиночестве и поразмышлять, поэтому вполне вероятно, что они не так много времени проводят с друзьями. Их лучшие союзники - Тельцы и Скорпионы.

## *Помощь Вселенной в выборе карьеры*

*Мы — это то, что мы делаем, работа отнимает у нас больше времени, чем любая другая деятельность, и практически все действия в нашей жизни связаны с работой.*

*Наш социальный статус в большей степени определяется нашей работой и положением в ней, чем чем-либо еще. Чем вы зарабатываете на жизнь, какова ваша профессия — это вопросы, которые следуют после: Как Вас зовут? Ответ на этот вопрос почти энциклопедичен, поскольку характеризует ваше образование, ваш доход, уровень общения, ваши политические и даже духовные пристрастия, ваше воображение, образ мышления и т. д.*

*По сути, это вопрос, определяющий начало отношений, который мы бы перевели следующим образом: Какими ресурсами вы обладаете, чтобы принести мне пользу?*

*В современной культуре существует и предлагается практически бесконечное, но в то же время запутанное разнообразие профессий. Чтобы помочь выбрать из этого многообразия, существует профессиональная астрология - важнейшая специализация и услуга в нашей области, причем чаще всего клиентов волнуют вопросы любви и работы.*

*Профессиональная карта — это планетарная карта, используемая исключительно для ответа на вопросы, связанные с профессиональной деятельностью. Кто-то может задаться вопросом, чем она отличается от тестирования способностей и про консультирования, но поверьте, это очень важно.*

*Профессиональный тест может определить, что вы будете идеальным инженером-строителем, но он не может предсказать ни ваш успех в этой области, ни ваш финансовый потенциал, ни эмоциональное благополучие в этой профессии. Что делать, если такая профессия, как инженер-строитель, опасна для вас, поскольку у вас есть предрасположенность к гибели от падения — это может произойти при осмотре крыши, моста или любого другого сооружения.*

*Тест на определение способностей не может этого предсказать, а вот профессиональная карта рождения - может.*

*Не менее верно и то, что у некоторых нет проблем с выбором профессии, и при анализе их гороскопа это очевидно; но, как это бывает во всех случаях, у них могут возникнуть проблемы, связанные с этой работой, поскольку невозможно* быть "мастером" во всех навыках, необходимых для того, чем они занимаются.

Психологическое состояние человека влияет на все, что связано с его профессией или призванием, например, человек, склонный к спорам и угрозам, может использовать эти качества в "профсоюзной" работе, отстаивая интересы и права работников.

А теперь представьте себе этого же человека в роли учителя детей-подростков.

Многие люди несчастливы на своей работе, потому что не реализуют свои мечты, потенциал и таланты. Никто не подсказал им, как проявить свои способности, не объяснил, что есть разница между профессией, призванием и работой.

Возраст клиента, его жизненный опыт имеют ключевое значение, потому что, когда мы становимся взрослыми, на нас могут влиять такие сферы, как брак и дети. Именно по этой причине иногда можно встретить людей, уделяющих больше внимания хобби, чем работе, - во многих случаях наши таланты скрыты в этих развлечениях.

Очень часто встречаются успешные люди, которые несчастны в своей блестящей карьере, потому что их темперамент несовместим с этой профессией.

*Есть также люди, которые любят свою работу, но не добиваются успеха, здесь темпераментные факторы, такие как Луна, Солнце и Асцендент, совместимы с их работой, но планета, управляющая этой профессией, слаба по расположению или аспектам, что не позволяет им добиться желаемого успеха.*

*При определении призвания необходимо учитывать множество моментов, на самом деле их может быть несколько, но в целом можно сказать, что кардинальные знаки (Овен, Рак, Весы и Козерог) обладают организаторскими способностями, они инициаторы, поэтому стремятся иметь собственное дело, так как плохо подчиняются.*

*Исключением здесь будет рак.*

*Фиксированные знаки (Телец, Лев, Скорпион и Водолей) умеют управлять ресурсами или людьми, они доводят до конца то, что начинают другие, однако им не следует работать на должностях, где требуется гибкость.*

*Исключением здесь может быть только Водолей, который немного непредсказуем и эксцентричен, его индивидуальность необходимо учитывать.*

*Мотобольные знаки (Близнецы, Дева, Стрелец и Рыбы) способны выдерживать невероятное количество эмоциональных нагрузок без ущерба* для себя. Благодаря своей подвижности и гибкости они способны решать невероятное количество задач.

 Исключение здесь составляет Дева, она должна анализироваться индивидуально.

Профессиональное письмо всегда свидетельствует о наших талантах, умении зарабатывать деньги, а главное - о стремлении к успеху.

### *Пока деньги не разлучат нас!*

*Уравновесить любовь и деньги очень сложно, доказано, что после периода, когда все радужно, появляются экономические неувязки.*

*Общение имеет первостепенное значение в любых отношениях, но тема денег очень деликатна, и по этой причине многие избегают ее.*

*Технологии усугубили финансовые проблемы; конфликты между супружескими парами на почве денег участились, поскольку деньги стали в какой-то степени нематериальными.*

*Виртуальные транзакции и другие процедуры, пришедшие на смену наличным деньгам, вызывают большие сложности, так как контролировать и отслеживать финансовые операции становится труднее.*

 *Семейные финансы - одна из основных составляющих отношений, и если они нездоровы, то в итоге наносят ущерб союзу.*

*Деньги вызывают столько конфликтов, что после неверности они являются второй основной причиной развода или расставания.*

*У всех нас разное воспитание и обычаи, и, вступая в брак, мы объединяем их с обычаями другого человека. Неравенство нашего образования не* означает, что обычаи одного человека плохие, а другого хорошие, они просто разные, мы должны их понять, оценить и решить, какие из них подходят для отношений.

Стереотипы, социальное давление и стремление к культуре равенства заставили супружеские пары изменить свое отношение к экономическому бюджету.

Сегодня очень трудно найти пару, в которой один из партнеров не выдавал бы новую покупку за старую, не говорил, что купил что-то со скидкой, когда это не соответствует действительности, не снимал деньги с накопительных счетов, не сообщая об этом, не имел тайных счетов или скрытых денег, не врал о долгах, не тратил деньги на детей, не сообщая об этом партнеру, и т. д.

Очень распространенной и непонятной для меня практикой является разделение финансов. Если мы вступаем в брак, то это происходит потому, что мы хотим иметь единство, и, делясь, мы создаем симбиоз между двумя людьми, который гораздо эффективнее, чем чистая сумма частей; если мы разделяем финансы или возлагаем экономическую ответственность на одного из членов пары, то мы создаем разделение.

В бесчисленных браках возникают сложности, когда деньги становятся дороже отношений.

*Когда вы держите деньги отдельно, вы, по сути, сообщаете своей лучшей половине, что не доверяете ей, а где нет ясности и уверенности, там нет и будущего.*

*С астрологической точки зрения, к самым неверным в финансовом отношении знакам зодиака относятся Овны; Овны имеют серьезные проблемы с управлением своими финансами, а поскольку они считают, что деньги созданы для того, чтобы их тратить, то скрывают от своих партнеров многие экономические операции.*

*Весы любят жить не по средствам, когда они видят что-то, что им нравится, они не задумываются, покупают это, даже если у них нет ни гроша, и прячут в багажнике машины, а если их узнают, говорят, что это было у них до свадьбы!*

*Рак известен своей неспособностью избегать соблазнов, а пары с компонентом Девы, при всех их аналитических способностях, являются одними из тех, у кого больше всего банковских овердрафтов.*

*Наиболее прагматичными, дисциплинированными и честными в финансовых вопросах в этой паре являются Козерог и Рыбы.*

*Когда мы живем вместе с другим человеком, мы должны найти наилучший способ распоряжаться* деньгами, вовремя сообщать о договоренностях и разногласиях, поскольку обиды и замечания ничего не решают.

Авторитет и подчинение порождают асимметричные отношения, основанные на неравенстве, в частности, когда власть осуществляется с помощью денег.

# *Библиография*

*Часть информации взята из книг, изданных авторами: Любовь для всех сердец, Деньги для всех карманов и Гороскоп на 2022 и 2024 годы.*

*Статьи, написанные в газете Nuevo Herald одним из авторов.*

## *Об авторах*

*Помимо астрологических знаний, Алина А. Руби имеет богатое профессиональное образование: она имеет сертификаты по психологии, гипнозу, Рейки, биоэнергетическому целительству кристаллами, ангельскому целительству, толкованию снов, а также является духовным инструктором. Руби обладает знаниями в области геммологи, которые она использует для программирования камней или минералов и превращения их в мощные амулеты или талисманы защиты.*

*Руби обладает практическим характером, ориентированным на результат, что позволило ей обладать особым, интегрирующим видением нескольких миров, способствующим решению конкретных проблем. Алина пишет ежемесячные гороскопы для сайта Американской ассоциации астрологов; их можно прочитать на сайте www.astrologers.com. В настоящее время она ведет еженедельную колонку в газете El Nuevo Herald на духовные темы, которая выходит каждое воскресенье в цифровом виде и по понедельникам в печатном. Также ведет программу и еженедельный Гороскоп на YouTube-канале этой газеты. Ее астрологический ежегодник ежегодно публикуется в газете "Diario las Américas" под рубрикой Rubi Astrologa.*

*Руби написала несколько статей по астрологии для ежемесячного издания "Today's Astrologer", вела занятия по астрологии, Таро, чтению по ладони, исцелению кристаллами и эзотерике. На ее канале в YouTube еженедельно выходят видеоролики на эзотерические темы: Rubi Astrologa. Она вела собственное астрологическое шоу, которое ежедневно транслировалось на телеканале Flamingo T.V., давала интервью нескольким теле- и радиопрограммам, ежегодно выпускает "Астрологический ежегодник" с гороскопом по знакам и другими интересными мистическими темами.*

*Она является автором книг "Рис и бобы для души", часть I, II и III, сборника эзотерических статей, изданных на английском, испанском, французском, итальянском и португальском языках. Книги "Деньги для всех карманов", "Любовь для всех сердец", "Здоровье для всех тел", Астрологический ежегодник 2021, Гороскоп 2022, Ритуалы и заклинания для успеха в 2022 году,*

*Заклинания и секреты, Астрологические классы, Ритуалы и чары 2024 и Китайский гороскоп 2024 изданы на пяти языках: английском, итальянском, французском, японском и немецком.*

*Руби свободно владеет английским и испанским языками и сочетает в своих выступлениях все свои таланты и знания. В настоящее время она проживает в Майами, штат Флорида.*

*Более подробную информацию можно получить на* **сайте** *www.esoterismomagia.com.*

*Алина А. Руби - дочь Алины Руби. В настоящее время она изучает психологию в Международном университете Флориды.*

*С детства интересовалась всеми метафизическими и эзотерическими темами, с четырех лет занималась астрологией и каббалой. Обладает знаниями в области Таро, Рейки и геммологи. Она является не только автором, но и редактором, вместе со своей сестрой Анжелиной А. Руби, всех книг, изданных ею и ее матерью.*

*За дополнительной информацией обращайтесь к ней по электронной почте: rubiediciones29@gmail.com.*